AF558322

S. FISCHER

Valentin Groebner

Gefühls kino

Die gute alte Zeit aus sicherer Entfernung

S. FISCHER

Erschienen bei S. FISCHER

© 2024 S. Fischer Verlag GmbH,
Hedderichstr. 114, D-60596 Frankfurt am Main
Die Nutzung unserer Werke für Text- und Data-Mining
im Sinne von § 44b UrhG behalten wir uns explizit vor.

Satz: Dörlemann Satz, Lemförde
Druck und Bindung: GGP Media GmbH, Pößneck
ISBN 978-3-10-397599-4

Inhalt

Intro

»Wir alle sind genauso, wie wir uns sehen, wenn wir uns schämen.«
Szczepan Twardoch, »Wale und Nachtfalter« (2019)

Das Folgende ist ein Versuch über Nostalgie – die starke, aber unklare Empfindung, dass früher alles klarer und besser war. Er handelt von Bewegungen, emotionalen wie politischen; von Gruppenbildung durch gemeinsame Erregung; von den Wechselwirkungen zwischen Vorbildern, Nachmachen und Medienechos und von theatralischen Auftritten – vom Fuchteln mit Gewalt und großen Worten. Und von Freiheit. Aber erst ganz am Schluss.

Vorher, so viel sei schon am Anfang verraten, wird es etwas peinlich. Wahrscheinlich ist das unvermeidlich bei einer Reise zurück in die gute (oder böse) alte Zeit. Weil es auch um Blamage geht, um deutsche Indianerspiele, Selbstmitleid, Liebe, Verrat, Geilheit (auch eines von den großen Worten) und notwendigerweise um Geschichte. Denn schon die gute alte Zeit kannte die Sehnsucht nach einer noch besseren älteren Zeit.

Am Anfang ist eine Leerstelle; das Erstaunen über etwas, das sich schwer in Worte fassen lässt, ein blinder Fleck ohne klare Konturen. Warschau, Dezember 2015. In der Altstadtstraße hinter dem Schloss war in eine barocke Fassade eine große schwarze Marmortafel eingelassen, geschmückt mit einem Kreuz, davor Blumen und Kerzen auf dem Gehsteig. Hier befand sich die Wache der Volksmiliz, in der am 12. Mai 1983 der neunzehnjährige Gymnasiast Grzegorz Przemyk schwer misshandelt wurde. Er starb zwei Tage später an den Folgen. Die Inschrift auf der Tafel schließt damit, dass die Täter bis heute – sie ist von 2012 – nicht bestraft worden seien.

Es war die Jahreszahl 1983, die mein Erstaunen erzeugte und das Gefühl von blindem Fleck. Die Städte, die ich regelmäßig besuche – Berlin, Zürich, Frankfurt, Hamburg – sind nicht gerade arm an Gedenktafeln, von Denkmälern ganz zu schweigen. Sie sind sehr unterschiedlichen Personen und Ereignissen gewidmet, vom 16. bis ins 20. Jahrhundert, aber praktisch nie den 1980er Jahren. Im ehemaligen Westberlin erinnern heute ein großes Bronzerelief vor der Deutschen Oper und eine (kleine) Erinnerungstafel in einem nahen Hinterhof an den Studenten Benno Ohnesorg, der am 2. Juni 1967 dort bei einer Demonstration von einem Polizisten erschossen wurde. Am Ort der Entführung des damaligen Arbeitgeberpräsidenten Hanns-Martin Schleyer in Köln 1977 befindet sich eine Gedenkstätte mit einer dreieinhalb Meter hohen steinernen Säule. Sie ist unübersehbar und sieht ziemlich nach Kriegerdenkmal aus.

An der Straßenkreuzung Frankenallee / Hufnagelstraße in Frankfurt am Main dagegen gibt es keine Hinweise, dass dort im September 1985 ein Demonstrant namens Günther Sare von einem Wasserwerfer überfahren wurde und starb; ebenso wenig wie an der Mönchsbruchwiese im Frankfurter Stadtwald, wo die Polizeibeamten Klaus Eichhöfer und Thorsten Schwalm am 2. November 1987 von einem Demonstranten erschossen wurden.[1] Keine Spuren am Bellevue-Platz in Zürich, wo sich am 12. Dezember 1980 eine Vierundzwanzigjährige aus Protest gegen Polizeigewalt verbrannt hat, und an der Elandsgracht 117 in Amsterdam, wo am 25. Oktober 1985 der dreiundzwanzigjährige Hans Kok unter ungeklärten Umständen in einer Einzelzelle starb. Das Gebäude dient weiterhin als Polizeirevier.[2]

Was ist das für eine Zeitzone? Für die Toten der politischen Konflikte der 1980er Jahre in der BRD, in der Schweiz und in den Niederlanden gibt es keine Denkmäler, weil sie – anders als in Polen – nicht als Teil einer gemeinsamen Geschichte, eines offiziellen »Wir« angesehen werden. Öffentliche Erinnerung ist umso komplizierter, je näher sie liegt und je zwiespältiger die damit verbundenen Empfindungen sind. Die Konflikte sind vorbei, man schaut aus sicherer Entfernung zurück. Was kommt dabei zum Vorschein?

Willkommen in der guten alten Zeit. Nostalgie, die Sehnsucht nach Rückkehr in die Vergangenheit, ist eine Kombination aus freundlicher Erinnerung und schmerzlichem Vermissen. Sie hat eine Art von dunklem Zwilling. Er heißt Heimsuchung – auch das ein zwiespältiges Wort. Irgendwo zwischen Heimkommen und Hausdurchsuchung angesiedelt, steht es für Mischungsverhältnisse zwischen Vertrautem und Unfreiwilligem, mit bedrohlichem Unterton. Etwas von früher kehrt wieder, aber in veränderter Gestalt und mit veränderter Bedeutung.

»Heimsuchungen« hieß das Taschenbuch, das mir am Ende der 1980er Jahre ein schreibender Freund im Hamburg in die Hand drückte, erschienen in einem Schweizer Verlag.

Der Name des Autors sagte mir nichts. »Lies das«, sagte er, »ist super.« Ich war skeptisch. Der Untertitel war eigenartig: »Ein ausschweifendes Lesebuch.« »Worum geht es?« »Um alles. Musst du selber herausfinden.«

Der Umschlag zeigt eine junge Frau in weißer Bluse, sie schneidet mit leicht angeekeltem Gesichtsausdruck einem halbnackten Mann den Kopf ab. Das Blut spritzt, es ist ein Ausschnitt aus einem Gemälde von Caravaggio von 1598. Mit den im Buch versammelten Reportagen und Essays hat es nichts zu tun. Die liefern Momentaufnahmen aus den späten 1970er und 1980er Jahren über aufgeregte katholische Gymnasiasten, tote Rennfahrer, Schweizer Sammler von Nazi-Devotionalien, Pariser Einwanderer, bizarre Kulturpolitiker und Ratten, eine wilde Mischung aus Recherche, Gefühligkeit und Polemik. Ihr Autor Niklaus Meienberg war erfolgreicher Reporter, Publizist und kompliziertes Enfant terrible; 1993 brachte er sich um. Seine Essays mit ihrer Schamlosigkeit, Frechheit und Direktheit sind in den Schweizer Bibliotheken mittlerweile unter »Gegenwartsliteratur nach 1945« eingeordnet.

Dabei hat er nichts erfunden. Viele seiner Formulierungen lösen heute leichte Beklemmung aus, wenigstens bei mir. Der aufgeregte Ton und die starken Wertungen machen mich verlegen. Musste das sein? Aber so sind die 1980er Jahre: Es musste so sein.

Die eigene Vergangenheit gilt als das, was einen ausmacht; als die Zeitzone, aus der man kommt, in der bescheideneren ersten Person Singular ebenso wie im volltönenderen Plural, dem »Wir«, mit großem W. Dann wird von »unserer«, »meiner« und »deiner« Vergangenheit« gesprochen als einem Territorium, das man besitze, verwalte, ordne und für das man verantwortlich sei, im positiven wie im negativen Sinn. Gewöhnlich geschieht das in jener grammatischen Zeitform, die das Deutsche für unabgeschlossene Handlungen reserviert und die vermutlich nicht zufällig einen mehrdeutigen Namen trägt, Imperfekt. »Das warst du.«

Heimsuchungen demonstrieren einem, wie machtlos man dieser Vergangenheit gegenübersteht. War ich es, der, der dabei war, damals? Die Person, die man jetzt ist, hatte damals Empfindungen und feste Überzeugungen, die man sich in der Rückschau nur mit Mühe verständlich machen und zwar teilweise rekonstruieren, aber nicht mehr nachvollziehen kann. Wie war sie noch einmal aus der Nähe betrachtet, die gute alte Zeit?

Ziemlich viele Dinge, von denen auf den folgenden Seiten die Rede ist, erscheinen heute abwegig, und das ist noch die mildeste Bezeichnung, die mir dazu einfällt. Vieles davon erscheint in der Rückschau peinlich, übertrieben, zu Recht verboten und insgesamt ziemlich bescheuert. Aber daran erkennt man Vergangenheit: Sie ist fremd und etwas bizarr. Sie ist kein Vorbild, sondern provoziert jene Frage, die alle stellen, die hinterher aufräumen, nach der Party, nach dem Disaster, nachdem man weiß, wie das alles weitergegangen ist und wie die ungeplanten Konsequenzen ausgesehen haben. »Was haben die sich dabei eigentlich gedacht, damals?«

Nicht viel, fürchte ich. Dafür ganz viel gefühlt. Fühlen, um recht zu behalten. Fühlen, um in Sicherheit zu sein und gleichzeitig den Schrecken genießen zu können. Und Fühlen als Erlaubnis, darüber laut Auskunft zu geben, etwas aufdringlich und nicht sehr differenziert.

Das hier ist kein Bekenntnisbuch. Es handelt von jener Vergangenheit, in die sich in der Gegenwart, in der ich das schreibe, viele Leute um mich herum lautstark und innig zurücksehnen. Ihre Klagen über verlorene Werte, unüberschaubar gewordene Beschleunigung und verdüsterte Zukunftsaussichten malen vergangene Ereignisse in Rosa mit Weichzeichner: »Ach, damals.« Als noch alles so echt war, so vertraut, so sicher. Von wegen.

Die kollektiven Affekte und ihre medialen Erscheinungsformen, von denen dieses Buch handelt, haben etwas eigenartig Vertrautes – als ob das Remake eines oder mehrerer alter Filme abliefe, als würden lang bekannte Geschichten mit neuen Figuren nacherzählt, eine Folge von Déjà-vus, Echos, Varianten von älteren Erzählungen und ihre Rekombinationen. Sie laufen im eigenen Kopf, aber man teilt sie mit anderen und gibt sie selbst weiter. Sie sind plausibel, selbsterklärend und unwiderstehlich – sie haften an einem, ob man will oder nicht. Und an den anderen auch.

Ich möchte die verschiedenen Varianten der Nostalgie von innen nach außen stülpen und nachsehen, woraus sie gemacht sind. Was macht sie so unwiderstehlich? Das erste Kapitel handelt von der verbreiteten Empfindung, in einer Spätzeit zu leben; in der erschöpften Endphase jener Moderne, die sich nur wenige Jahrzehnte zuvor noch so zuversichtlich angefühlt hatte. Davon sind jedenfalls viele Autorinnen und Autoren überzeugt. Am Ende der 1970er Jahre, so eine erfolgreiche und weit verbreitete These, sei die hoffnungsvolle Modernisierung an ihr Ende gekommen. Aber wie hat sie sich damals angefühlt, die gute alte Zeit?

Das zweite Kapitel widmet sich der Angst, die in den Jahren nach 1979 kollektive Empfindungen und politische Protestbewegungen dominierte – und der Lust an ihr. Diese starken Affekte prägten die Selbstdarstellungen der neuen militanten und eher diffusen Milieus, die sich selbst als ›Autonome‹ bezeichneten. Ich war auch einer, deswegen geht es hier um die Innenansicht einiger politischer Spektakel der 1980er Jahre. Wie formulierten die Aktivisten von damals ihre Forderungen, und was ist aus beiden geworden?

Gemeinsam war den unterschiedlichen Flügeln der Protestbewegungen von damals ihre Identifikation mit den Unterdrückten und Marginalisierten und ihr Selbstmitleid – sie verkörperten nicht nur die Besiegten von früher, sie sahen sich auch selbst so. Das ist allerdings eine weit verbreitete Haltung, und um sie geht es im dritten Kapitel: gefühlte Selbstviktimisierung als Werkzeugkasten.

Das Repertoire an Slogans, Zeichen und Ritualen der Empörung aus den 1980er Jahren ist mittlerweile historisch, aber nicht verschwunden; darum geht es im vierten Kapitel. Es stand in den Jahren 2020 und 2021 problemlos jenen zur Verfügung, die mit den strikten staatlichen Maßnahmen gegen die neue ansteckende Krankheit nicht einverstanden waren und zum Widerstand dagegen aufriefen – starke kollektive Empfindungen, die sich ganz unterschiedlicher Versatzstücke aus der Vergangenheit bedienten.

Gestiftet werden solche Gefühlsgemeinschaften durch gemeinsame Zeiterfahrungen. Von der Verfertigung von beiden handelt das Kapitel fünf, Bastelanleitung inklusive: Mit welchen rhetorischen Instrumenten lassen sich ansteckende

Empfindungen in der ersten Person Singular und Plural am wirkungsvollsten kombinieren? Hier wird es noch einmal richtig historisch. Schuld am Verlust sind nämlich immer die anderen – und das Vergnügen an dieser Erzählung hat selbst eine Geschichte, die weit zurückreicht.

Kapitel sechs wendet sich der Gegenwart zu und ist den Echos und einigen konkreten Erscheinungsformen dieser ansteckenden Gefühle von den vermeintlichen guten alten Zeiten gewidmet. Versatzstücke aus den Gefühlsdrehbüchern der 1980er Jahre sind mittlerweile selbstverständlich und vertraut geworden. In verschiedenen Varianten bilden sie einen Teil des eigenen affektiven Alltags; ausgeflaggt werden sie mit großen Begriffen, mit denen man Zugehörigkeiten und Bindungen zu fassen versucht. Die Klebekraft von beiden ist beträchtlich. Kann man sich aus ihnen wieder herauslösen?

Nostalgie hört vermutlich nie auf, weil immer neuer Stoff für sie nachwächst. Das Schlusskapitel begibt sich auf die Suche nach dem Ausgang aus dem Kino der Gefühle. Auf die Dauer ist es darin ein bisschen muffig und dunkel. Was lässt sich aus der Besichtigung der eigenen ansteckenden Empfindungen von vor vierzig Jahren lernen – und wie wird man sie wieder los?

1. Es wird immer später

»Der stärkste Muskel im Körper des Menschen ist die Zunge.«

Olga Tokarczuk: »Unrast« (2009)

Die Empfindung ist weit verbreitet: Es ist spät. Sehr spät. In jeder Buchhandlung und in so gut wie jedem Leitartikel und Blogbeitrag geht es um die Gegenwart als Spätzeit. Dazu kann man Spätmoderne sagen oder Spätkapitalismus, plus dem unerbittlichen Zeitdruck durch den Klimawandel und universale Unsicherheit. Ein »spätmodernes Gefühl der Ohnmacht« habe sich ausgebreitet, konstatiert eine Zeitdiagnose der Soziologin Carolin Amlinger und des Politikwissenschaftlers Oliver Nachtwey, die im Herbst 2022 erschienen ist.[1]

Der zukunftsfrohe Optimismus von früher sei definitiv vorbei. Wir seien im unübersichtlichen Hinterher angekommen, oder eher: gestrandet. »Unsere Zukunft war da, fix und fertig, eine Sache der Beherrschung und des Wohlstands. Und jetzt geht alles in die Binsen«, hat das der französische Philosoph Jean-Luc Nancy 2020 formuliert, »das Klima, die Arten, die Finanzen, die Energie, das Vertrauen und sogar die Möglichkeit der Berechnung, deren wir so sicher waren. Wir können auf nichts mehr zählen – das ist die Lage.«[2]

Wer mit »wir« genau gemeint ist, bleibt dabei unklar. Es ist ein Gefühl, ebenso stark und allgegenwärtig wie diffus, und das heißt: Verlust. Immer neue Erfahrungen von Verlust, so hat der Soziologe Andreas Reckwitz 2020 und 2021 in Artikeln und Interviews verkündet, habe schon die Moderne als ganze erzeugt. Jetzt, in der Spätmoderne, werde das noch intensiviert durch den Zukunftsverlust, die besorgte Vorwegnahme zukünftiger Verluste, im Futur zwei: »Wir werden verloren haben.«[3]

Je länger man darüber nachdenke, führt er aus, desto deutlicher werde, dass die Frage nach Verlust und Verlusterfahrungen das Kennzeichen moderner Gesellschaften schlechthin sei. Ordentliche wissenschaftliche Analyse dazu gebe es nicht, in den »Historischen Grundbegriffen«, dem ehrwürdigen historischen Lexikon zur politisch-sozialen Sprache in Deutschland, fehle ein Eintrag zu diesem Wort, ebenso im »Historischen Wörterbuch der Philosophie«. Das sei besorgniserregend, meint Reckwitz, gerade angesichts der Verlustdynamiken, die für die aktuelle Situation kennzeichnend seien. Für Reckwitz sind diese Verluste keine Nostalgie, sondern handfeste Erfahrungen von Kollektiven, und deswegen real.

Ansteckende Empfindungen

Das Verkünden eines epochalen Bruchs und der Krise, die alles zu verschlingen drohe und erst das Ausmaß der eigenen kollektiven Unfähigkeit enthülle, sind gleichzeitig natürlich großes Kino und verleihen dem Sprecher, der sie konstatiert, eine wirkungsvolle, düstere moralische Glorie. Akademische

Großerzählungen von Verlust und Metaverlust wollen darauf nur ungern verzichten. »It is always already too late«, hat ein anderer französischer Philosoph diese »Disruption der Zeit« listig definiert – es bleibt dabei offen, ob er den Umbruch als Ganzes oder das Reden darüber meinte.[4]

Unterlegt ist das Beschwören dieser Verluste allerdings mit einer anderen Empfindung, die gar nicht negativ ist; nämlich einer stillen Befriedigung über die eigenen Leistungen und Erfolge in jener Vergangenheit, die jetzt endgültig vergangen ist und perdu. Das Gefühl vom Verlust der Vorhersehbarkeit, der Zuversicht und der Zukunft als ganzer ist also nicht einfach Schrecken. Es ist gemischt mit einem nachträglichen Genießen jener Epoche, von der sich die Sprecherin oder der Sprecher melancholisch und nostalgisch verabschiedet. Wenn ich den Analysen von zwei Historikerkollegen glauben darf, die 2019 und 2021 erschienen sind, ist das ohnehin schon länger so. Beiden zufolge hat die optimistische Moderne als ganze entweder 1979 aufgehört oder noch einmal zwei Jahre früher, 1977; und zwar unwiderruflich und für immer.[5]

Es ist eigentlich gleichgültig, ob das eine Behauptung über einen realen Sachverhalt ist oder eine subjektive Einschätzung. Verlustempfindungen, das betont auch Andreas Reckwitz, mögen imaginär sein, haben aber handfeste Folgen. Weg lässt er allerdings, dass sie nicht nur Sorge bereiten, sondern auch Vergnügen, daher ihre Verbreitung und ihre starken Bindungskräfte. Sie sind gemischte Empfindungen – also solche, die nicht eindeutig lustvoll sind, wie das Vergnügen, oder negativ, wie die Angst; sondern mehrdeutig und ansteckend.

Von diesen gemischten Empfindungen handelt dieses

Buch. Sie sind Affekte, und ihre flotte Übertragbarkeit unterscheidet sie von den viel persönlicheren Gefühlen, die ich nur an mir selbst feststelle. Die sind zwar manchmal stark, aber meistens vage. Ich kann nicht unbedingt erklären, was ich empfinde und auf welche Weise. Die Unschärfe und die Subjektivität sind es, was das Gefühl eben zum Gefühl macht, zusammen mit seiner Unbeständigkeit. Es ist da, aber plötzlich auch wieder weg. So intensiv es auch sein mag, ich kann mein Gefühl jemand anderem nur in groben Zügen und mit Hilfe von Vergleichen und Metaphern halbwegs plausibel machen, aber nicht vollständig mitteilen; und ich kann es nicht wiederherstellen.

Die Empfindungen, die in den folgenden Kapiteln auftauchen, kann man dagegen anderen problemlos erklären. Zwei oder drei Stichworte reichen, denn sie werden zwar subjektiv empfunden, sind aber weit verbreitet. Gesprächspartner übermitteln sie mir, ohne dass ich das möchte. Ich werde von ihnen affiziert und verbreite sie selbst weiter, wie eine Art Tröpfcheninfektion. Das geht wie von selbst, und es kostet oft beträchtliche Anstrengung, sich diesen Empfindungen wieder entziehen.

Denn sie treten als Aufforderung auf, als Einladung. Sie machen sich von dem Reiz los, der sie in meinem Kopf ausgelöst hat, und fluten mein System.[6] Sie sind wirklich eine Art Kino, deswegen mein Titel: Gefühlskino. Affekte arbeiten mit Zitaten aus anderen Erzählungen und subjektiven Rollenzuschreibungen. Ihre Skripts – oder soll ich Empfindungsanleitungen sagen? – werden aber so gut wie nie offiziell. Sie bleiben informell und im Bereich des Mündlichen und Gewöhnlichen.

Alle Empfindungen, die man mit anderen teilt, sind leistungsstarke politische Akkumulatoren, und in den letzten zwei Jahrzehnten haben sich deshalb ganze Forschungsverbünde der genaueren Erforschung ihrer wechselnden Formen und Konjunkturen in der Vergangenheit gewidmet, je nach Fachdisziplin und methodischem Werkzeugkasten als »Emotionsgeschichte« oder »Gefühlswissen«. Ich mache dazu deswegen hier eine ordentliche deutsche Fußnote mit vielen materialreichen gelehrten Texten.[7] Sie sind grundlegend, fachlich einschlägig und unverzichtbar, und von ihnen wird in den folgenden Kapiteln nicht mehr die Rede sein. Denn dieses Buch handelt nicht von der wissenschaftlichen Analyse dieser ansteckenden Affekte und von ihrer Entstehung, sondern von ihrem Auftreten im Alltag – jetzt.

Solche gemischten Gefühle sind unwiderstehlich, aber sie machen unzufrieden: Deswegen vervielfältigen und verstärken sie sich selbst. »Unsatisfying pleasures« hat sie der britische Essayist Adam Phillips genannt.[8] Obwohl sie sich aus einem Materialfundus aus der Vergangenheit speisen, nehmen sie in der Gegenwart immer neue variierende Erscheinungsformen an. Gemischte Gefühle wie die Nostalgie verschmelzen problemlos Hochkultur und Banales, abstrakte politische Analyse und persönliches Befinden, das glamouröse Imaginäre und den langweiligen Alltag. Sie sind klebrig, und unentrinnbar.

Das kann man Lustökonomie nennen, wenn man die freiwilligen und selbstorganisierten Aspekte dieser Empfindungen hervorheben will; oder affektive Regimes, wenn man ihre unfreiwilligen und kollektiven Erscheinungsformen betonen möchte. Der Kulturwissenschaftler Raymond Williams hat sie vor fast einem halben Jahrhundert versuchsweise als »structures of feeling« bezeichnet; der Psychiater Frantz Fanon hat »Bewusstsein in der dritten Person« dafür vorgeschlagen. Diese Affekte schimmern zwischen Drohung und Versprechen, und meistens sind sie beides gleichzeitig. Die amerikanische Literaturwissenschaftlerin Lauren Berlant hat einige der ansteckenden emotionalen Obsessionen ihrer Landsleute ebenso beängstigend wie witzig beschrieben, als sehr amerikanisch. Mitleid, weibliches Klagen, erbarmungslose Zuversicht – jede Menge unfreiwillige Gefühle im »Land of the Free«. Auf Deutsch erschienen ist leider keines ihrer Bücher. Nichts sei entfremdender, hat sie geschrieben, als die eigenen Empfindungen und Lüste mit jemandem zu diskutieren, der eine Theorie über sie habe.[9]

Ich habe keine Theorie über die gemischten Gefühle. Ich will sie auch nicht erklären, sondern nur einige ihrer Erscheinungsformen beschreiben. Starke Affekte wie Nostalgie oder Verlustempfindungen ziehen vorher lose herumschwirrende Fakten und Geschichten an; wie bei Fliegenpapier oder Klettverschlüssen haften die dann an ihrer Oberfläche. Weil die Affekte widersprüchlich sind, können sie ganz verschiedene Vorstellungen und Fakten miteinander verbinden. Sie sind aber selbst körperlos und immateriell, keine Gegenstände, sondern selbst eine Art Infektion; sie stammen aus der »affectivity infrastructure« der Unterhaltungsmedien, wie Berlant sie genannt hat.

Am Ende ihrer Wirkungszyklen werden sie dann dort wieder persifliert und auf die Schippe genommen; aber dazwischen machen ihre Wirtstiere – also wir – sie zum Teil unserer persönlichsten und intimsten Empfindungen, als Aufgabe und Entlastung gleichzeitig. Sie sind das Kino, das sich die Fühlenden selbst kreieren, im ganz wörtlichen Sinn.[10]

Weil diese Affekte allen Beteiligten vertraut sind, sind sie Selbstverständlichkeitsgeneratoren. Sie erzeugen gemeinsame Intensität und Rechtfertigungen für alle mögliche Verhaltensweisen, vorzugsweise solche, die auch den daran direkt Beteiligten einigermaßen bizarr und erklärungsbedürftig vorkommen – aber erst geraume Zeit später, nachdem die Gefühle abgeklungen sind, ausagiert und verschwunden. Sofern man nicht beschlossen hat, sie schlicht zu vergessen.

Recycling der Unübersichtlichkeit

War die gute Zeit also die von gestern, als die Moderne noch modern war, die Sparbuchzinsen solide und die Deutsche Bahn pünktlich? Dann müsste man das eigentlich nachlesen können, zum Beispiel in den von Jürgen Habermas herausgegebenen »Stichworten zur geistigen Situation der Zeit«, Frankfurt am Main 1979, erschienen als Band 1000 der »edition suhrkamp«. Zwei dicke Taschenbuchbände, darin durch die Bank sehr besorgte ältere Kollegen – oder fast, von den 34 Beiträgen sind nur zwei von Frauen.

Leseprobe: »Ökologische Verbrechen größten Ausmaßes.« – »Das Mittelmeer wird in zwanzig Jahren eine giftige Riesenkloake sein.« – »In der Richtung des kollektiven Fortschritts wartet der kollektive Tod.« – »Die Helden (sic) der neuen Literatur leiden vornehmlich an sich, in einem müden déjà vu.« – »Die eisige Kälte all der sehnsuchtsfreien Beziehungen strahlt von den Fernsehschirmen in jedes Wohnzimmer.« (Öffentlich-rechtlich, das war noch vor den Privatsendern.) – »Gerade die jüngere Generation zeigt ein wachsendes Bedürfnis nach ›nationaler Identität‹«. Ein Kunsthistoriker beklagte den Untergang der Sofaecke – aber meinte er das wirklich ernst?[11] Der Einzige, der an den neuen Romanen, Filmen und den bunten Explosionen des Pop im Jahrzehnt vor 1979 auch ein bisschen Spaß hatte, war der konservative Literaturwissenschaftler Karl-Heinz Bohrer.

Es ist also schon länger ziemlich spät. Zeitdiagnosen von früher, weiß ich jetzt auch, machen einen trockenen Mund. Nach 860 Seiten Gegenwartsanalyse bei Suhrkamp kam es mir vor, als hätte ich eine übermannsgroße Tube akademischer Zahnpasta aufgegessen. Der Horizont der Zukunft, wusste Jürgen Habermas dann auch, habe sich zusammengezogen und Zeitgeist wie Politik gründlich verändert. »Die Zukunft ist negativ besetzt; als Schreckenspanorama der weltweiten Gefährdung allgemeiner Lebensinteressen.« Das war im Januar 1985 im *Merkur*. Die dazugehörige Essaysammlung folgte ein paar Monate später bei Suhrkamp. Aber war »Die neue Unübersichtlichkeit«, die Habermas in seinem Titel ausrief, wirklich so neu?

Es ist vermutlich kein Zufall, dass alle solchen akademischen Befunde von Verlust und Spätzeit die Vokabel Nostalgie gewöhnlich sorgfältig vermeiden. Nostalgisch sind immer die anderen – in dem Wort steckt einfach zu viel überprüfbare Geschichte. Erfunden worden ist es in der Schweiz, zusammenmontiert aus griechisch *nostos*, Rückkehr, und *algos*, Schmerz, vor etwas mehr als dreieinhalb Jahrhunderten. Gemeint war der unerträglich schmerzliche Wunsch der Rückkehr nach dem Ort der eigenen Herkunft, alias Heimweh. Aber nicht bei allen, sondern bei ausländischem Dienstpersonal, wusste die medizinische Dissertation von Johannes Hofer an der Universität Basel 1688, nämlich bei Söldnern, die plötzlich unzuverlässig wurden, komische psychische Zustände bekamen, ihre Pflichten vernachlässigten, Tränenausbrüche, Arbeitsunfähigkeit – und Nostalgie war die Erklärung dafür. Als besonders gefährlich wurde die Krankheit bei Dienstmädchen angesehen, die aus Heimweh angeblich sogar die ihnen anvertrauten Kinder ihrer Arbeitgeber umbrachten – der Philosoph Karl Jaspers hat darüber seine medizinische Dissertation geschrieben.[12]

Am Beginn des 19. Jahrhunderts verließ der Begriff Nostalgie den klinischen Kontext und legte angesichts von Industrialisierung und technischer Beschleunigung eine spektakuläre Karriere hin. Seither bezieht er sich auch nicht mehr auf einen verlorenen Heimatort, sondern öfter noch auf eine Zeitzone, in die man sich schmerzlich zurücksehnt – ein großes, sehr unscharf definiertes Früher, in dem das Leben besser, übersichtlicher und vertrauter gewesen sei.

Der hoch gebildete Publizist im Exil wusste es auch ganz genau: Der Mensch habe kein einziges, konsistentes Leben mehr, sondern mehrere, und das sei sein Unglück. Die Alten von früher seien weniger unglücklich und weniger einsam gewesen als die von heute, weil sich ihre Lebensumstände nicht so dramatisch geändert hätten, wie es heute der Fall sei. Geschrieben hat das François-René de Chateaubriand in seiner Autobiographie in den 1830er Jahren. Zu seinen Lebzeiten wurde das nicht veröffentlicht, aber medientauglich war diese Melancholie damals schon: Der durchaus geschäftstüchtige Autor konnte die Rechte 1836 an einen Verlag und 1844 an eine Zeitung verkaufen.

Nostalgie, hat deswegen der amerikanische Ideenhistoriker Peter Fritzsche formuliert, sei ein fundamental modernes Phänomen, Ergebnis einer »memory crisis« in den ersten Jahrzehnten des 19. Jahrhunderts, die den Verlust erst zur spezifisch historisch verorteten massenhaften Erfahrung gemacht habe. Das Wahrnehmen und die eingehende Erforschung der eigenen Verluste, so Fritzsche, wurden zur grundlegenden Quelle für Selbstbeschreibung und Selbstverortung in der modernen Industriegesellschaft. Die Empfindung des Verlusts war ein unerschöpfliches Reservoir für Material, um das Persönliche im Allgemeinen wiederzufinden – und damit Anerkennung und Aufmerksamkeit zu ernten.[13]

Eine ordentlich moderne Erfolgsgeschichte also. Aber wieso schlägt der amerikanische Professor am Ende seiner Analyse selbst plötzlich so düstere Töne an? Die innere Stimme der Nostalgie, mahnt Fritzsche, sei mit der Zerstreuung durch die Informationsgesellschaft und der Kommerzialisierung der Vergangenheit überflüssig geworden. Reproduzierte kleine Stückchen von früher als Unterhaltungsangebot seien allgegenwärtig, und die anstrengende Arbeit an der Melancholie als historischer Selbstvergewisserung sei verlorengegangen, ersetzt durch »easygoing consumption« – er schrieb das 2001.

Im 21. Jahrhundert, hat noch einmal eine halbe Generation später der Soziologe Zygmunt Baumann in seiner »Retrotopia« 2017 konstatiert, sei die Beschwörung imaginärer und untoter Vergangenheiten die letzte wirksame politische Utopie und die vielversprechendste politische Zukunftsbranche. An die Stelle der Verbesserung der Gesellschaft sei als dominante Vision die Rückkehr zu vermeintlich heilen und segensbringenden Zuständen des klassischen 20. Jahrhunderts getreten.[14]

Aber Moment, war dieses 20. Jahrhundert nicht die Zeitzone, in der man sich angesichts von entfesselter industrialisierter Massengewalt und Umweltzerstörung nach »noch früher« zurücksehnte? Je nach Gusto entweder mit Stefan Zweig in die Stabilität der Gesellschaften der »Welt von gestern« vor dem Ersten Weltkrieg; oder mit den Lebensreformern um 1900 nach den vermeintlichen ganzheitlicheren Lebensformen einer zeitlich vage verorteten Vormoderne überhaupt.

Die Nostalgie, hat die Philosophin und Altphilologin Barbara Cassin geschrieben, sei selbst eine Irrfahrt, »listenreich und polytrop«.[15] Sehr viel präziser haben es die Drehbuchautoren der Fernsehserie *Mad Men* ausgedrückt. In der ersten Staffel der 2007 produzierten Serie stellt der charismatische Werber Don Draper in Episode 13 einen neuen Diaprojektor vor. »Nostalgia« sagt er zu den versammelten Geschäftsleuten in dem abgedunkelten Raum, »it's delicate – but potent.« Es sei ein griechisches Wort, fährt er fort, der Schmerz einer alten Wunde.

Und dann, während der Diaprojektor sentimentale Familienschnappschüsse zeigt, lässt er seinen Gefühlen freien Lauf. »Nostalgie ist ein Raumschiff. Sie ist ein Stich ins Herz. Sie ist eine Zeitmaschine. Sie schickt uns auf eine Reise, wie wir als Kinder gereist sind, immer im Kreis« – der Diaprojektor heißt »Caroussel« – »und dann zurück nach Hause.« Nur ist das natürlich ein »sales pitch«, ein Verkaufsgespräch für ein teures, neues technisches Spielzeug. Nostalgie, zeigt die Szene auf bewundernswerte Weise, ist Lockstoff und Falle in einem, Werbetrick und Fangeisen.

Wie andere Affekte, die uns noch beschäftigen werden, ist Nostalgie ein Alleskleber und mit zwei sehr robusten psychischen Mechanismen eng verbunden. Einmal dem Rückschaufehler: Im Nachhinein glaubt man zu wissen, dass man es hatte kommen sehen. Ich erinnere mich nicht an meine eigenen Irrtümer, sondern glaube, dass ich die Lage schon damals richtig eingeschätzt habe. *Hindsight bias* nennt das die Kognitionswissenschaft; das geht nicht nur mir so, es ist ein allgemein verbreitetes und breit dokumentiertes Phänomen. Weil Menschen gerne recht behalten, sind sie im Nachhinein von ihrer eigenen Fähigkeit zur korrekten Vorhersage überzeugt und reorganisieren ihre Erinnerung entsprechend. Dazu kommt das Phänomen, das auf Englisch *self-serving bias* heißt, der Cousin des Rückschaufehlers: Ich neige dazu, meine Erfolge und Privilegien meinen besonderen eigenen Fähigkeiten zuzuschreiben, meine Misserfolge und Fehleinschätzungen aber Zufällen und äußeren Ursachen. So bleiben mein Selbstbild und meine imaginierte Gruppenzugehörigkeit schön stabil. Und die von allen anderen auch.

Deswegen ist auf Leute, die ein historisches Ereignis selbst miterlebt haben, leider hinterher kein Verlass. Vierzig Jahre historische Forschung mit Oral History haben das immer wieder bestätigt. Die Menschen schneidern sich ihre eigene Erinnerungen nach ihren jeweils aktuellen Wünschen und Bedürfnissen, und die wechseln. Die 1960er Jahre hatten deswegen einen ganz anderen Zweiten Weltkrieg als die 1990er und nuller Jahre, und das war nicht nur in Österreich und Deutschland so, sondern auch in der Schweiz, Frankreich und Italien.

Ich bin 1962 geboren und als Teenager damit aufgewachsen, dass die Zahl 21 eine Chiffre für visionäre Nahzukunft war und für mühelosen futuristischen Konsum. Das ist spätestens seit den im Deutschen so charmant bezeichneten nuller Jahren vorbei. Jetzt habe ich mich an die Banalität der Jahreszahlen aus der älteren Science-Fiction gewöhnt – Ridley Scotts düstere Zukunftsvision *Blade Runner* von 1982 war im Jahr 2019 angesiedelt, das haben wir mittlerweile kennengelernt. Gewöhnt habe ich mich auch an endlose Remakes, nicht nur im Kino, mit immer wieder aufpolierten Motiven aus den 1970er Jahren.

Deswegen haben wir seit dem Anbruch des 21. Jahrhunderts auch ganz andere 1960er und 1970er Jahre als zuvor, das ewig haltbar gemachte Frische von früher sozusagen. Das Beste von gestern soll bitte bleiben: von Musikvideos in Retro-Optik und Remakes alter Comics, Fernsehserien und Filme bis zur Wunderwelt der Unterhaltungsmusik als Gefühlskonserve. Im Gegensatz zu den Science-Fiction-Visionen der 1930er, 1950er und 1960er Jahre, die noch in unvorstellbar neuen Technologien schwelgten, versenken die digitalen Illusionsautomaten von heute ihre Benutzer am liebsten in neu abgemischte virtuelle Vergangenheiten. Damit lässt sich weiterhin viel Geld verdienen; deswegen gehören die Rechte an sämtlichen Liedern der Beatles heute einem (in England ansässigen) russischen Oligarchen.[16]

»Nowadays you can't be too sentimental«, sang Billy Joel 1978. Damit brachte er das Erfüllungsparadox von der Vergangenheit als versperrtem Paradies auf den Punkt: Sentimentalität vermisst im Wesentlichen sich selbst. In Zeiten wie diesen – also: heute – können wir selbstverständlich nicht mehr sentimental sein, ganz im Gegensatz zu den guten alten Zeiten von früher, als man sich noch zurücksehnen konnte. Der Kulturanalytiker Mark Fisher hat schon 2012 der gesamten britischen Popmusik der späten 1970er und frühen 1980er »nostalgia for the future« attestiert – Sehnsucht nach einer Zukunft, die immer nur als ihre eigene Ankündigung in der Vergangenheit existiert hatte. Diese Sehnsucht wiederum wird jetzt wieder schmerzlich vermisst.[17]

Nostalgische Gefühle haben aber auch empfindsamere Bewohnerinnen und Bewohner der 1970er Jahre häufig heimgesucht. Ihre eigene Gegenwart, hat Susan Sontag 1977 geschrieben, sei von einem gehässigen Misstrauen gegenüber allem erfüllt, was den Anschein von Literatur erwecke – »ganz zu schweigen davon, dass junge Menschen immer weniger Neigung zeigen, überhaupt etwas zu lesen, nicht einmal die Untertitel ausländischer Filme oder die Texte auf Plattenhüllen«. Deswegen würden heutzutage Bücher mit wenig Text und vielen Fotografien geradezu verschlungen, und die Bilder konsumierten und verschluckten die Realität.[18] »Heute«, wusste der deutsche Liedermacher Konstantin Wecker im selben Jahr 1977, »denken sie ja schon mit 17 an die Rente.« Die Platte, auf welcher der damals sehr erfolgreiche Herr Wecker das mangelnde utopische Engagement der Jugend beklagte, hatte einen programmatischen Titel: *Genug ist nicht genug*.

Mit noch mehr Drama – logisch, sein Kerngeschäft – hat das Woody Allen formuliert. »Mehr als je zuvor in der Geschichte steht die Menschheit am Scheideweg«, schrieb er 1979. »Der eine Weg führt in absolute Verzweiflung und Hoffnungslosigkeit. Der andere in die totale Auslöschung. Beten wir um die Weisheit, uns richtig zu entscheiden.«[19]

Das Vokabular, mit dem das bedrohliche Neue beschworen und beschrieben wird, ist also nicht nur auf dem Planeten Akademia 40 Jahre alt – mindestens. Wenn ich das Radio einschalte, laufen zu meinem sanften Horror The Bee Gees; wenn ich etwas mehr Glück habe, Kim Carnes mit *Bette Davis' Eyes* von 1981. Im November 2023 wurde ein bislang unbekannter letzter Song der Beatles veröffentlicht, die sich 53 Jahre zuvor aufgelöst hatten, und ABBA gehen wieder auf Tour, als Musical unter dem etwas unheimlichen Titel *Time of Your Life* ebenso wie als digitale Avatare. Im Jahr zuvor stand *Running up that Hill* von Kate Bush wochenlang in den internationalen Hitparaden, in den schweizerischen und britischen auf Platz 1. Das Stück ist von 1985. Das Lied sei eben ein Klassiker, hieß es im Juni 2022 dazu in deutschen Zeitungen. »Und die sind zeitlos.«

Vielleicht hat Jürgen Habermas es damals beim Geschirrspülen gehört, in der alten Unübersichtlichkeit. Schon erstaunlich, wie rasch Zeitdiagnosen beginnen, muffig zu riechen. Handeln sie wirklich von der Zukunft? Kollektiv empfundene gemischte Gefühle von Verlust und Nostalgie erzeugen nachträglich heimelig vertraute Vergangenheiten. Gleichzeitig sind sie in ihrer akademischen Variante Selbstvermarktung für die maximale Aufmerksamkeit in der öffentlichen Debatte. Denn genau das waren Habermas' »Stichworte« von 1979 und seine »Unübersichtlichkeit« von 1985; beides damals sehr erfolgreiche und weithin diskutierte Interventionen. Es sind die Theoretiker von vorgestern und gestern, von Marx und Habermas bis Woody Allen, die bis heute die uns vertrauten Vorstellungen von der Zukunft fest im Griff haben.

2. Angstlust

»Pop had nothing to do with reality.
It was an improvement of reality.«
Jarvis Cocker: »Good Pop, Bad Pop« (2021)

Beim angestrengten Blick in den Rückspiegel auf der Suche nach der Zukunft haben die Autoren und Autorinnen von Habermas' »Stichworten zur geistigen Situation der Zeit« vielleicht einfach übersehen, was direkt vor ihnen auf der Straße geschah. Im Namen radikaler Subjektivität gab es plötzlich ansteckende neue Mischungen aus Angst und Genuss. 1979 wurde der Weltuntergang Pop. *London Calling* stürmte die Hitparaden, in dem die Punkband The Clash Endzeit und Kernschmelze als Lebensgefühl besangen. Im selben Jahr 1979 kam *Die Hamburger Krankheit* von Peter Fleischmann in die deutschen Kinos, ein vom ZDF mitproduzierter Doku-Thriller über eine geheimnisvolle tödliche Epidemie, mit abgesperrten Städten, Quarantänen, Ausgangssperren und illegalen Partys.

Am Ausgang der 1970er waren viele überzeugt, dass eine globale Katastrophe als Atomkrieg, ökologischer Kollaps, tödliche Seuche oder alles zusammen unmittelbar bevorstehe.[1] Und dass man gleichzeitig seinen Spaß haben könne – nicht trotz, sondern an der Bedrohung. »Am Strand von Tunix« hatte bereits das Motto der Konferenz gelautet, die im Januar

1978 fast 20000 Teilnehmer in Berlin versammelt hatte. »Wir wollen einfach genießen irgendwie, das ist für mich genauso Politik«, sprach dort ein Teilnehmer ins Mikro. »Es macht uns Spaß zu denken, zu reden und zu machen«, hatten die Gründer des kleinen Merve-Verlags zuvor programmatisch an Michel Foucault geschrieben, den sie auf dem Kongress als Stargast präsentierten.[2] Revolte, Weltuntergang und Party passten als neuer Dreiklang plötzlich sehr gut zusammen.

Pop mit seinen unwiderstehlichen klebrigen Formeln und Bildern ist niemandes Geschichte; aber alle sind davon affiziert und basteln sich ihre jeweiligen Privatversionen. Wer Angst hatte, hatte recht. Alles hing zusammen. Hatten 1979 nicht der Störfall im amerikanischen AKW Harrisburg und der Hamburger Giftskandal auf dem Gelände der Firma Stoltzenberg gezeigt, wie eng verknüpft militärische Massenvernichtung und Umweltverschmutzung waren? Als auf einer Diskussionsveranstaltung 1982 in einer hessischen Kleinstadt über die Nachrüstung ein Freund (damals zwanzig, wie ich) aufstand und den Experten auf dem Podium zurief: »Wir haben einfach Schiss, vor den Raketen und der Umweltverschmutzung, versteht ihr das nicht?«, klatschte der ganze Saal begeistert Beifall.[3]

Bewegungsgefühle

Die kollektive Empfindung der Angst war unverzichtbar Anfang der 1980er. Wir – auch das »Wir« war unverzichtbar – fühlten uns wirklich bedroht, dauernd und von sehr vielem. Die militante linke Subkultur in Westdeutschland, der ich damals angehörte, unterhielt zu düsteren Prophezeiungen ein inniges Verhältnis. Emphatisch bekundete gemeinsame Angst, gegen die nur ebenfalls gemeinsames, entschiedenes politisches Handeln helfe, stand im Zentrum von Kundgebungen, Menschenketten und politischen Selbstauskünften aller Art, egal, ob es um Atomkraft, amerikanische Mittelstreckenraketen, Flughafenausbau oder Umweltzerstörung ging. Wer so auftrat, war das unschuldige, aber wissende Opfer der zerstörerischen Politik anderer; und zwar großer, mächtiger und meistens nur in sehr allgemeiner Form adressierter anderer, die als »die staatliche Politik«, »die Herrschenden« oder (ein älteres deutsches Politvokabel mit ziemlich ambivalenter Geschichte) »das System« aufgerufen wurden.[4]

Am 10. Juni 2022 wurde in den deutschen Medien ausgiebig an die große Friedensdemonstration im Bonner Hofgarten erinnert, die vierzig Jahre zuvor als Protest gegen die Nachrüstung der NATO stattgefunden hatte. Mehr als eine halbe Million Menschen hatten friedlich gegen die Stationierung neuer Mittelstreckenraketen, das Gipfeltreffen des Militärbündnisses und den Besuch des US-Präsidenten Ronald Reagan in der Stadt demonstriert – ein Höhepunkt der deutschen Friedensbewegung, so die Kommentare.

Unerwähnt blieb im Juni 2022 allerdings eine weitere Demonstration. Sie hatte am Tag danach in Westberlin stattgefunden, wohin Reagan am 11. Juni 1982 weitergeflogen war. Dort waren in den Tagen zuvor Polizei- und Justizbehörden mit großer Härte gegen »unamerikanische« Umtriebe vorgegangen und hatten Parolen und Spruchbänder gegen den Besuch entfernt und ein Demonstrationsverbot erlassen. Die von mehreren zehntausend Menschen besuchte Protestversammlung wurde von der Polizei auf dem Nollendorfplatz eingekesselt und endete in schweren Straßenschlachten mit zahlreichen Verletzten, geplünderten Geschäften und brennenden Polizeifahrzeugen.

Ebenso unerwähnt in den Medien blieben im Juni 2022 die militanten Proteste gegen die Frankfurter Flughafenerweiterung, die als Nebenbühne der Friedensbewegung in denselben Jahren zunehmend gewalttätiger wurden.[5] Im Januar 1982 war ich mit Freunden auf eine Demonstration gegen die neue Startbahn West des Frankfurter Flughafens gefahren. Nach langen Ansprachen auf der Kundgebung an diesem Wintertag – wir hatten halbwegs endlos mit kalten Füßen im Wald herumgestanden – geriet plötzlich Bewegung in die Menge. Demonstranten hatten die provisorischen Absperrungen mit Stacheldraht vor dem Baugelände demontiert, und die Menschenmenge folgte ihnen, bis plötzlich von weiter vorne Schreie ertönten und einzelne sich umdrehten und zurückwollten. Noch mehr Rufe, aufgeregter und lauter, »Sani, Sani!« – Sanitäter mit Erste-Hilfe-Ausrüstung (und Helmen) drängten sich an uns vorbei, nach vorne.

Dann sah ich die ersten Verletzten, ein schmales Mädchen, der aus einer Platzwunde am Kopf das Blut übers Gesicht lief, und neben ihr auf dem Boden ein älterer Mann mit zerbrochener Brille, der ebenfalls Schläge auf den Kopf abbekommen hatte. Und während ich noch schaute, drehten sich plötzlich alle um und wollten panisch weg, zurück, als wäre ein elektrischer Strom in die Menschenmenge im Wald gefahren und hätte sie umgepolt; Gedränge, man stolperte über Wurzeln, Äste und andere, langsamere Menschen. Man konnte sich dem Sog der gemeinsamen Angst nicht entziehen, ein sehr plötzlich eingeschaltetes und ziemlich furchteinflößendes affektives Regime, die Demonstranten schrien (was genau, weiß ich nicht mehr), und eine Kette aus weiß behelmten Polizisten mit Schlagstöcken tauchte weiter hinten zwischen den Bäumen auf. Vor ihnen rannten wir alle davon, ohne dass sie wirklich in unmittelbare Nähe gekommen wären.

Nach ein paar hundert Metern hörte die Bewegung plötzlich auf. Steine und Äste flogen, Rufe einer anderen Art ertönten, und die Polizisten – ich sah wirklich nur ihre weißen Helme von ferne – blieben zuerst stehen, dann wichen sie zurück; Johlen setzte ein, und die Menschenmenge drängte sich wieder in ihre Richtung, nach vorne. Dann erneute Panik, und es ging wieder zurück, im Laufschritt und mit starkem Herzklopfen.

Es war unmöglich, merkte ich erstaunt, unberührt von der kollektiven Bewegung zu bleiben, der ansteckenden Angst, der darauf einsetzenden zuversichtlichen Wut, dann dem neuen Schub von Panik: Wenn alle um einen herum sich umdrehten und losliefen, konnte ich nicht stehen bleiben. Bei mir löste das eine Mischung aus Scham und Erschrecken aus, über das Blut, die demonstrative So-ist-es-jetzt-Gewalt der Polizei und über meine eigene Furcht. Das, dachte ich ebenso grimmig wie ratlos, passiert mir nicht noch einmal.

Angst als Auserwähltheit

Nach dem Sommer 1982 wurde in meinem unmittelbaren Umkreis über die großen Friedensdemonstrationen zunehmend abschätzig gesprochen. »Sich gemeinsam vor der Fernsehkamera fürchten, singen und mit dem Pfarrer Händchen halten«, sagte ein Freund, Politikwissenschaft und Geschichte im zweiten Semester, also großer Durchblick. »Das sind doch Luschen.« Wir wollten keine Luschen sein, sondern »was dagegen machen« – mit der Betonung auf machen. Die allgemeine Angst vor dem unmittelbar bevorstehenden großen Wumms konnte man auch als selbsterteilte Erlaubnis im Namen des eigenen Befindens auffassen. Das setzte interessante Gruppendynamiken in Gang, ein Um-die-Wette-Fühlen. Wer setzte die Einsicht in die katastrophale Aussicht als Anti-Lusche unmittelbarer, konsequenter und radikaler um?

Angst, wird mir im Nachhinein deutlich, taugte sehr gut zur Selbstermächtigung. Mit dem Beschwören der unmittelbar bevorstehenden und unaufhaltsamen Katastrophe konnte man nicht nur die banale Alltagswelt ausblenden, sondern gleichzeitig empfindsam fragil sein – »Es wird ganz schlimm werden!« – und sich als Auserwählter fühlen: »Und nur wir schauen dem ins Auge!« Und man konnte neue aufregende Dinge tun. Und zwar jetzt gleich.

Subito war einer der Slogans dieser Jahre, von der Zürcher Jugendbewegung der frühen 1980er übernommen. Die hatten es von den italienischen Genossen, aber niemand musste sich mit den Feinheiten einer fremden Sprache herumschlagen, wenn es um die drastische Darstellung der eigenen Empfindung und Empfindsamkeit ging. 1983 zerschnitt der damals neunundzwanzigjährige Rainald Goetz während seiner Lesung für den Ingeborg-Bachmann-Preis seine Stirn mit einer Rasierklinge und ließ das Blut über Hände, Tisch und Papier fließen, live im Fernsehen, und so hieß auch sein Text: »Subito« – benannt nach einer Punkerkneipe in Hamburg; mit gewaltigem medialen Erfolg.

Zwischen Herbst 1984 und Sommer 1985 lernte ich, wie schnell ich mich von einem schüchternen dünnen Studenten im vierten Semester in einen radikalen Kämpfer verwandeln konnte. Verwandlung durch Angstwut war gar nicht schwierig. Die richtige Musik hören, laut und düster. Die richtigen Klamotten anziehen – schwarz, am besten eine schwere alte Lederjacke. Maskiert auftreten war wichtig, am coolsten war eine Sturmhaube aus schwarzem Stoff, die nur Augen und Nase frei ließ. Plus Helm, je nach Situation. Und den richtigen Genossen natürlich. Die gemeinsamen Mutproben bauten in gewisser Weise aufeinander auf. Zuerst im militanten Teil der Demonstration mitmarschieren, dann Steine werfen, entweder in Schaufenster oder auf die Polizei, schließlich Autos querstellen, umkippen und anzünden. Die spektakulären Bilder von den brennenden Autos auf dem Berliner Nollendorfplatz vom 11. Juni 1982 wurden in der linksradikalen Szene zu Ikonen und begeistert reproduziert, bis sie zur Bildformel für radikalen Straßenprotest schlechthin wurden – zu Filmstills, die man nachzustellen versuchte. Dafür bekam man schulterklopfende Anerkennung von anderen, noch cooleren Jungs.

Die Zugehörigkeit zum radikalen Milieu war nämlich der Ort für Begehren – oder soll ich Sehnsucht sagen? Es ging nicht nur um Widerstand und Verwandlung, sondern auch um Begehren in einem sehr romantischen Sinn, als *rapture*, Verzückung. Die gemeinsame Teilnahme an den maskierten Auftritten, die im Chor gebrüllten Slogans, das Steinewerfen und Davonlaufen vor der Staatsmacht (denn am Schluss siegte immer die Staatsmacht) waren natürlich homosoziale Verbrüderung. Jungs stellten bei weitem die Mehrzahl der Militanten in schwarzen Lederjacken und Sturmhauben – in der Szene zärtlich-ironisch »Hasskappe« genannt. Männliche Riten und Mutproben als gemeinsamer Genuss von intensivem Gefühl dominierten die Szene. Dass man zwischendurch richtig heftig und herzklopfend Angst hatte – denn die Angst war immer da, auch wenn ich lernte, besser damit umzugehen –, steigerte nur die Lust daran, keine Lusche zu sein.

Begehren ist ohnehin umso stärker, je schwerer greifbar ihr Objekt ist. 1984 und 1985 gab es heftige Proteste rund um das Endlager für Atommüll im niedersächsischen Gorleben. Um den Transport von abgebrannten Brennelementen in das provisorische Endlager zu verhindern, versuchten kurzfristig mobilisierte Demonstranten, im ganzen Landkreis die Straßen dorthin zu blockieren; auch ich war mit Freunden mitten in der Nacht aufgebrochen, um dabei zu sein, und wir standen irgendwo an der verbarrikadierten Bundesstraße, ein paar hundert Leute; drum herum Felder und das leere, idyllische Wendland.

Auf einem Waldweg seitlich davon seien Mannschaftswagen der Bereitschaftspolizei aufgefahren, berichtete jemand aufgeregt. Sie seien unbewacht, die Beamten seien weiter vorne im Einsatz, wir sollten dahin und die Autos anzünden; und die Mitglieder einer anderen Gruppe holten schon die leeren Flaschen und die Kanister und Stofffetzen, um Brandsätze zu basteln, sie waren offensichtlich sehr gut gerüstet angereist. Mit diesen Brandflaschen stiefelten wir dann los ins Unterholz, zehn, vielleicht fünfzehn Leute, und mir wurde zunehmend mulmig – sehr mulmig. *Subito* war als Slogan in der Theorie unwiderstehlich, aber ich hatte noch nie eine Brandflasche geworfen. Ich ließ mir nichts anmerken, schließlich war ich ein Kämpfer und hatte eine Lederjacke an. Ich hatte nur das deutliche Gefühl, dass das Unternehmen gründlich schiefgehen könne, zumal niemand wusste, wo die Polizei war; dafür kreisten über uns große Hubschrauber. Neben mir lief eine Frau mit blonden kurzen Haaren, die ich schon vorher gesehen hatte, eine Bekannte von Bekannten, auch in Schwarz und wie ich mit Halstuch, schwerer Lederjacke, Handschuhen und einer Tüte mit Bierflaschen, halbvoll mit Benzin und Diesel.

Ich fand sie strahlend schön – nein, nicht nur attraktiv, sondern viel mehr als das, ich war auf der Stelle verliebt in sie, ihre kurzen Haare, ihre hellen Augen. Ich wäre sofort mit ihr irgendwohin in die Idylle um uns abgehauen (das hätte auch den Vorteil gehabt, aus dieser bedrohlichen Situation herauszukommen) und dachte, mit geweiteten Pupillen und klopfendem Herzen, dass das alles zwar sicher schiefgehen würde, aber dass es das wert sei. Wegen ihr. Ich wusste nur ihren Vornamen. Ich lächelte sie an, und sie lächelte zurück, etwas nervös. So wie ich.

Wir rannten nebeneinander in der Gruppe querfeldein zwischen den Bäumen mit unseren blöden Brandsätzen, und der Wald nahm kein Ende. Es kam keine Querstraße mit unbewachten Polizeiautos, sondern immer nur noch mehr Wald. Irgendwann war klar, dass wir in die falsche Richtung gelaufen waren, und die ganze Gruppe drehte um. Ich war extrem erleichtert, ließ es mir aber nicht anmerken. Weiter vorne an der Straße waren noch mehr Polizeiwagen, ein Wasserwerfer und ein gepanzertes Räumfahrzeug aufgefahren, auf den Wiesen daneben Hubschrauber mit mobilen Einsatzkommandos gelandet, schnelle Greiftrupps der Polizei in Turnschuhen. Es gab geschriene Warnungen, Hektik und Durcheinander, irgendwann muss ich meine gefährliche Plastiktüte wieder losgeworden sein. Vorschriftsmäßig entsorgt? Ich weiß es nicht – so viel zu den Problemen militanter Umweltschützer. Die schöne Frau mit den blonden Haaren war leider auch verschwunden, sie war mit einer anderen Gruppe unterwegs gewesen.

Und so war es eigentlich jedes Mal: Durcheinander, Verzückung, man war hingerissen von den eigenen Gefühlen und wusste gleichzeitig nicht, wo man war, aber egal, Hauptsache *rapture*, leider gibt nur das englische Wort das für mich wieder. Hingerissensein, sagt mein Wörterbuch. Taumel. Anfall.

Überschwang und Entzücken. Und was folgt ihm? Eine Art Betretenheit. Scham. Ihre strahlenden hellen Augen! Und ich Idiot habe sie nie wiedergesehen.

Intensität, unübersehbar

Angstwut war das Begehren nach Spektakel, und zwar so intensiv wie möglich. Diese Aufführungen waren atemlos aufregend, einigermaßen furchteinflößend und neben ihrem theatralischen Charakter teilweise auch wirklich riskant: Man konnte verprügelt und festgenommen und zu Geld- oder Haftstrafen verurteilt werden. In meinem Fall hätte das auch das Ende meines Aufenthalts und meines Studiums in der BRD bedeutet, verhaftete Demonstranten mit ausländischem Pass wurden flott abgeschoben. Meinen Angststolz hat das eher noch erhöht, das Empfinden von selbstorganisierter Auserwähltheit und – gemeinsam mit Gleichgesinnten – laut mitgeteilter intensiver Gefühle von Ablehnung jeder beschaulichen Normalität angesichts der unmittelbar bevorstehenden Katastrophen.

Denn schuld an allen diesen Katastrophen war natürlich die korrupte westdeutsche Industriegesellschaft, nicht wir. Wir waren ja radikal dagegen und deswegen moralisch im Recht; schwarz gekleidet und marginalisiert, deswegen rein. Diese entschlossene Reinheit wollten wir auch vorzeigen, als Attacke und selbstgemachte Erhabenheit. Deswegen waren wir gerne drastisch. Pressefotografen und Fernsehkameras galten als grundsätzlich verachtenswert, weil sie für den Alltag und das System standen; auf Demonstrationen wurden sie behindert und in Sprechchören bedroht (»Schade um das schöne Geld, die Kamera zu Boden fällt«), wenn sie nicht offensichtlich auf der eigenen Seite standen.

Aber gleichzeitig wollten wir in die Nachrichten, unbedingt, denn radikale Reinheit braucht schließlich Publikum, am besten solches in den Massenmedien. Der in der militanten Szene gebrauchte Begriff für die gewalttätigen Spektakel bei Demonstrationen war genau jenes Kommandowort aus dem Film, das die Aufnahmekamera starten lässt: »Action!« Nach den Demonstrationen saßen wir vor dem Fernseher und warteten gespannt, ob wir es in die Abendnachrichten geschafft hatten. Wenn wir die erste Meldung waren, waren wir stolz und befriedigt.

Frühsommer 1986: Kaffeepause am Institut für mittelalterliche Handschriftenkunde, in dem ich als wissenschaftliche Hilfskraft arbeitete. Am Wochenende zuvor hatte es heftige Auseinandersetzungen am Bauzaun der geplanten atomaren Wiederaufbereitungsanlage in Wackersdorf gegeben, auch ich war mit Freunden dort gewesen. Im Pausenraum lag eine Tageszeitung, in der ein Foto von diesen Kämpfen groß aufgemacht war, und das interessierte mich. »Darf ich einmal die Zeitung haben?«

Auf dem Foto war ich, in Kämpfermontur – nicht allein, sondern in einer größeren Gruppe. Das Bild zeigte von Demonstranten umringte Bereitschaftspolizisten, die mit Steinen beworfen wurden und sich hinter ihren großen Plastikschilden zusammengekauert hatten, und die Unterschrift berichtete von den bedauerlichen Ausschreitungen. Gegen die unbekannten Täter sei wegen schweren Landfriedensbruchs und versuchter schwerer Körperverletzung Anzeige erstattet worden; sachdienliche Hinweise an das bayrische Landeskriminalamt würden mit 25 000 D-Mark belohnt.

»Möchten Sie noch Milch in den Kaffee?«, fragte mein freundlicher Professor. »Danke, nein.« Ich bemerkte beruhigt, dass mein Gesicht auf dem Foto nicht zu erkennen war, dank der Sturmhaube aus schwarzem Stoff, die ich trug; an der Nase zugenäht, so dass nur die Augen sichtbar waren. Die trugen auch die drei anderen, mit denen ich dort gewesen war. Einer von ihnen war auf dem Foto dabei zu sehen, wie er mit dem Fuß auf eines der Plastikschilde der Polizisten trat.

Mir wurde etwas flau über meinem Kaffee, aber diese publizistische Aufmerksamkeit blieb folgenlos. Die eingekesselten Polizisten hatten damals die Nerven behalten und sich wenige Minuten später in einem plötzlichen Ausbruch aus der unangenehmen Lage befreit. Wir maskierten Helden mussten Hals über Kopf davonlaufen, auf der anderen Seite des Zauns fuhren Wasserwerfer auf und verspritzten großzügig Tränengas.

Die schwarze Sturmhaube über dem Gesicht war Erkennungszeichen und Logo der nur lose organisierten Gruppen, sofern man überhaupt von Organisation sprechen kann; umso unverzichtbarer war sie als zentraler Bestandteil der Medienbilder. Nach den aufsehenerregenden Demonstrationen gegen die Räumung der pittoresken besetzten Häuser an der Hamburger Hafenstraße im Herbst 1987 – ein »schwarzer Block« mit mehreren tausend Teilnehmern war dort höchst medienwirksam aufgetreten – bekam ein befreundeter Fotograf einen Auftrag, diese bedrohlichen Militanten aus der Gegenkultur zu fotografieren. Die Bewohner der besetzten Häuser hatten aber schroff abweisend auf seine Anfrage reagiert. Sie wollten mit der Illustrierten, die ihm den (gut bezahlten) Auftrag gegeben hatte, nichts zu tun haben, sie verstanden sich als autonom. Also steckte der Fotograf kurzerhand drei Freunde im richtigen Alter in schwarze Lederjacken und Hasskappen, und die posierten für ihn vor den bunt bemalten Fassaden, mit geballten Fäusten. Klick, fertig das Bild vom Originalschauplatz – so viel zur medialen Verfertigung von Wirklichkeit.

Geile Action

Im Nachhinein gibt das der Selbstbezeichnung einen ziemlich ironischen Doppelsinn: Autonom konnte sich jeder nennen, und jeder konnte sich mit dem entsprechenden Outfit in einen Autonomen verwandeln. Das etwas spröde Fremdwort Autonomie wurde am Beginn der 1980er plötzlich zum Versprechen, den eigenen Gefühlen nachgeben zu können, es verhieß Selbstermächtigung durch radikale Subjektivität. Autonom war ein dehnbarer, geschmeidiger und fast beliebig beweglicher Tentakel von einem Wort, gleichzeitig Slogan und trotzige Selbstbezeichnung. Man definierte sich als autonom und forderte gleichzeitig mehr davon, der Begriff stand für alles Mögliche, von selbstorganisierten Jugendzentren über lokale

Protestbewegungen in der Bretagne, Katalonien und Korsika bis zu militanter weiblicher Selbstorganisation.

Mit der Herkunft und Geschichte des Wortes lässt sich sein plötzliches Aufpoppen als Chiffre für radikale Differenz in den Jahren um 1980 nicht erklären. Immanuel Kant hatte die Autonomie in seiner »Kritik der praktischen Vernunft« zum Grundprinzip aller moralischen Gesetze überhaupt gemacht, Sophokles das griechische Adjektiv in seinem Theaterstück als Begründung für die Bestrafung der Antigone verwendet. Das kümmerte die Alternativkultur nicht, das Wort fühlte sich neu an, ungebraucht. Der 1972 erschienene erste Band der »Geschichtlichen Grundbegriffe« hat zwar einen Eintrag zu Autarkie und einen zu Autorität, aber »Autonomie« sucht man dort vergebens, ebenso die wörtliche deutsche Übersetzung Selbstbestimmung. Autonomie war 1980 nicht griechisch, sondern italienisch. In den Fabrikkämpfen und Streiks der 1970er Jahre in Italien war *autonomia operaia* zum Schlagwort für militante linke Selbstorganisation außerhalb der Gewerkschaften und der Kommunistischen Partei geworden. Von den Genossinnen und Genossen südlich der Alpen hatten die westdeutschen militanten Linken das Etikett importiert, zusammen mit der Selbstbezeichnung als *indiani metropolitani*, Stadtindianer.

Auch das Bekenntnis zu Spaß als Programm und zu Zitaten aus der Popkultur übernahmen die Autonomen von ihren italienischen Vorbildern, ebenso das innige Verhältnis zu Show und ironischer Verfremdung: Das Autorenkollektiv zur Vorbereitung des Tunix-Kongresses in Berlin 1978 nannte sich Quinn der Eskimo, Frankie Lee und Judas Priest. »Autonom« hieß eigentlich alles und nichts, und genau diese Unschärfe machte das Schlagwort so verlockend für die Mischung von »Chaos, Spaß und Leere«, wie es eine luzide und ungewöhnlich selbstkritische Geschichte der holländischen Hausbesetzerbewegung der 1980er Jahre später auf den Punkt gebracht hat.[6]

Auch der Autor einer 1990 erschienenen »Geschichte und Gegenwart der Autonomen« hob diese Bekenntnisse zum subjektiven Vergnügen an der Militanz als zentrales Merkmal ansonsten diffuser politischer Strukturen hervor, in Abgrenzung zum bewaffneten Kampf, den Grünen und der Alternativbewegung, aber mit umso innigerem Verhältnis zu Maximalforderungen im Namen des eigenen intensiven Wollens und Fühlens. Und das alles natürlich *subito*. Erschienen ist das Buch unter dem Pseudonym »Geronimo« – nicht der Apachenhäuptling sei damit gemeint, wird im Vorwort erklärt, sondern der gleichnamige Hund eines Genossen.[7]

Die Szene war informell, lose strukturiert, anomisch und sehr heterogen. In Westberlin prägte sie ganze Straßenzüge und halbe Stadtviertel, konnte mehrere zehntausend Leute mobilisieren und imaginierte sich in den besetzten Häusern, Buchläden, Treffpunkten, Bars und Cafés als schillernde Gegenwelt mit eigener Infrastruktur, in der man die eigene Biographie auf Jahrzehnte versenken konnte. Die verstörenderen Aspekte des Alltags in den besetzten Häusern – interne Gewalt, Drogenhandel und alle Arten von Missbrauch Schwächerer – hat die Journalistin Marie-Luise Scherrer 1987 in einer Reportage über das Verschwinden einer Siebzehnjährigen aus der schwäbischen Provinz in der Kreuzberger Hausbesetzerszene beschrieben.[8]

Ähnliche Strukturen gab es, eine oder zwei Nummern kleiner, in Hamburg, Bremen und Köln. In kleineren Städten waren die Autonomen nur ein paar Wohngemeinschaften mit einer Lieblingskneipe. Auf Konsum und Alltag der anderen – gerne als »Fett-Normalos« bezeichnet – sah man herab, weil nur wir selbst das Richtige verkörperten. Auch dafür gab es einen beliebten Slogan, und der hieß: »Gefühl und Härte«. Wir fühlten uns als harte Jungs, toughe Aktivisten, Kämpfer. Gleichzeitig waren wir höchst empfindsam, schnell und tief gekränkt und sofort bereit, erlittenes Unrecht und Schmerzen innig vorzuzeigen. Der Slogan, unter dem in Frankfurt die Demonstration nach dem Tod von Günther Sare im September 1985 stattfand – er war als Teilnehmer einer Gegendemonstration gegen eine rechtsradikale Kundgebung von einem Wasserwerfer der Polizei überfahren worden – war entsprechend pathetisch: »Die Trauer zur Flamme des Zorns machen.«

Dafür sagten mir ehemalige WG-Mitbewohner mit deutlicher Missbilligung, eigentlich hätten sie Angst vor uns, denen in Hasskappen und schwarzen Klamotten, nicht nur vor der Polizei. Noch ein bisschen programmatischer formulierte das der Name einer 1984 gegründeten Band, die sich »Kein Mitleid für die Mehrheit« nannte. Die alternative Tageszeitung *taz* vergab jeweils am Montag ironisch den »Sachschadenspokal« für die Demonstrationen des vergangenen Wochenendes – entweder Zürich, Amsterdam oder Berlin, kaputte Schaufensterscheiben und Autos, eine halbe oder eine ganze Million Franken, Gulden, D-Mark. In der Szene wurde das ebenso wie die besorgte Berichterstattung in den Mainstream-

Medien mit unverhohlenem Stolz quittiert, die entsprechenden Jahrgänge der einschlägigen Szenezeitschriften – *Interim*, *Unzertrennlich* und am bekanntesten (und verbotensten) *radikal* – aus den 80ern sind voll von entsprechenden Stellungnahmen: »Geile Action am Bauzaun«.

Denn diese tumultuöse Anti-Angst war entschieden lustbesetzt. Der Aufruf zu einer Demonstration gegen den erneuten Besuch des US-Präsidenten Reagan in Westberlin im Juni 1987 verkündete selbstbewusst, »Wir, die erklärten Feinde des Alltags, der Arbeit, der Ordnung des Löschpapiers« würden »den Alltag erotisieren« und »der Stadt den Geschmack von Freiheit und Abenteuer auf die Straßen brennen«. Unter dem neu erfundenen ironischen Slogan »Hönkel« luden die Verfasser alle »Rebellinnen, Chaoten, Pyromanen, Jumperinnen und Jobber, Gelegenheitsdiebe und Plünderinnen, Girls and Boys, Lesben, Schwule und Heteros, die unverbesserlichen Erotischen« für eine Woche des »Hönkel-Rausches« nach Berlin ein. »Hönkel sind Büchsenöffner im Supermarkt des Lebens. Nicht bereit zu warten, bis die Menschheit sich ändert, lebt der Hönkel, als sei der Tag gekommen.« Her mit dem ganzen Leben, hieß es schließlich: »… wir fangen eine Woche vorher an und hören überhaupt nicht mehr auf.« Und: »Scheiß auf die Rumkugel – her mit der ganzen Bäckerei.«[9]

Mit dem tatsächlichen Verlauf der Kundgebungen hatte das nichts zu tun. Sie wurden vollständig durch die Polizeistrategie bestimmt, die den Stadtteil Kreuzberg großräumig abriegelte. Alle öffentlichen Telefonzellen dort waren abgeschaltet – in einer Welt vor dem Mobiltelefon erschwerte das die Kommunikation der Demonstranten untereinander. Ganze

Straßenzüge waren in Dunkelheit getaucht, weil die Straßenlampen vom Stromnetz getrennt worden waren – von wem, blieb unklar.

Ich habe in dieser Nacht Szenen erlebt, die sich im Nachhinein wie ein Traum oder ein absurder Film anfühlen; unter anderem landeten wir mit dem Auto in einer unbeleuchteten Baugrube, aus der wir es nur schwer beschädigt wieder herausbekamen. Freundliche Genossen, die zufällig vorbeikamen, boten uns an, es auf der Stelle anzuzünden, dann würde es von der Versicherung bezahlt: »Machen die nach Demos immer, alles und ohne großes Nachfragen.« Dazu kam es nicht. Die Kneipe, in die wir dann vor plötzlich auftauchenden Polizisten flüchteten, mussten wir fluchtartig und in letzter Minute durch das Klofenster in den Hinterhof verlassen, weil sie mit Tränengas beschossen und dann von behelmten Sondereinsatzkommandos gestürmt wurde – sie wurden wegen ihrer Schutzwesten und der überdimensionierten Knie- und Armschützer nach einer gleichnamigen japanischen Trickfilmserie »Teenage Mutant Turtles« genannt. Irgendwie kam ich dann auch aus dem abgesperrten Stadtteil wieder heraus, ich weiß nur nicht mehr wie.

Als am 11. Oktober 1987 der Leichnam des zurückgetretenen Ministerpräsidenten Uwe Barschel in der Badewanne eines Genfer Hotels gefunden wurde, in dem er unter ungeklärten Umständen verstorben war (er hätte am nächsten Tag vor einem Untersuchungsausschuss aussagen sollen), wurde in der Woche danach auf der Demonstration zur Verteidigung der besetzten Häuser in der Hamburger Hafenstraße skandiert: »Feuer und Flamme – und Badewanne«; dazu wurden improvisierte Fahnen mit einer Badewanne darauf geschwenkt. Die Auftritte der Autonomen waren eine Mischung von extrem ritualisierter Gewalt und politischer Satire: Man wollte gleichzeitig superhart, konsequent, furchterregend und sehr lustig sein.

Die Wortwahl des Berliner Demonstrationsaufrufs von 1987 – »Girls und Boys, Lesben, Schwule und Heteros, die unverbesserlichen Erotischen« – war kein Zufall. Wir fanden uns selber sehr geil, und diese emphatische Lustbejahung war Teil des Selbstverständnisses der Szene und als demonstrative genießerische Undiszipliniertheit unverzichtbar, wie Lederjacken, laute Musik, Feier der eigenen Körperlichkeit und Spaß. Wir waren fest überzeugt, viel mehr Vergnügen zu haben als alle anderen. Die konnten nur ängstliche verklemmte Spießer und Tussen sein, die einzig mögliche Erklärung, sonst hätten sie bei uns mitgemacht. Und das von jetzt an für immer, so die Gewissheit. »Wir werden noch tanzen«, stand in der zweiten Hälfte der 1980er Jahre auf einem Transparent an den bunt bemalten Häusern der besetzten Hafenstraße in Hamburg, »wenn an Voscherau (den damaligen Hamburger Bürgermeister) niemand mehr denkt.«

Deswegen hieß Geronimos Geschichte der Autonomen von 1990 programmatisch »Feuer und Flamme«. Die Selbststilisierung beruhte nicht nur auf ikonisch aufgeladenen Bildern von Rauch, Sachschaden und vermummten Demonstranten, sondern hatte auch einen Soundtrack, krachenden Punk in hohem Tempo von britischen, deutschen und amerikanischen (und fast ausschließlich männlichen) Untergrundbands. In ihren Liedern war von den nuklearen, ökologischen und epidemiologischen Desastern und ihren Folgen ausführlich die Rede: Das Wort »Lockdown« habe ich übrigens zum ersten Mal 1988 als Songtitel der amerikanischen Hardcore-Band Fugazi gehört.

Musik war Vehikel der eigenen Empfindungen und ihrer Darstellung nach außen. Ihr lautstarker Konsum war auch eine Art Wettbewerb, unüberhörbar entschiedener und härter aufzutreten als andere. Ich hörte zeitweise baskische Punkbands; man verstand zwar kein Wort, dafür waren die in puncto politischer Glaubwürdigkeit unschlagbar. Mit solchen Soundtracks konnte man sich selbst außerdem imaginär vervielfachen. Dass die dünnen blassen Jungs von Fugazi *straight edge* waren und keinen Alkohol und keine Drogen konsumierten, machte sie noch anziehender. Sie praktizierten den Kampf für das einzig Richtige sozusagen für uns, während wir ihre Musik hörten und dazu Bier tranken.

Wer dabei nicht mitmachen wollte, war Gegner – und Schwächling. Eine Lusche. Lusche, lusch, für jemanden oder etwas, auf das man sich nicht verlassen kann. Norddeutsch, sagt das Wörterbuch, von französisch *louche*, ein Adjektiv: unklar. Verdächtig. Trübe. Zweideutig. Das Verb *loucher* bedeutet schielen, und *faire loucher quelqu'un*, jemanden neidisch zu machen und unzufrieden. *Louchir*: eintrüben. (Eine Flüssigkeit.) Aber gleichzeitig geht es ums Austeilen, denn das Substantiv *la louche* ist – Zauberkasten Sprache! – der Schöpflöffel, die Suppenkelle.

Wie eine umfassende befreiende Erotisierung des Alltags fühlte sich das nur in seltenen Ausnahmefällen an. Stolz war ich trotzdem darauf. Schließlich gehörte ich zu denen, die sich etwas trauten, vor dem sich – jedenfalls in meiner Wahrnehmung – alle anderen fürchteten, eine Art lustvoller Risikosport vor Publikum. Meine Angst vor dem Weltuntergang war mittlerweile in den Hintergrund gerückt über der aufregenden *action*, den vielen politischen Terminen und ziemlich testosterongeladenen Verbrüderungen und Hackordnungskämpfen mit Gleichgesinnten. Zugehörigkeit zu einer Subkultur will ja erst einmal organisiert sein: Gruppensitzungen, Autonomenplenum, Vollversammlung, Vorbereitungstreffen, Nachbereitungstreffen, ich hatte zu tun.

Indianer aus Akademia

Die Kartonschachtel ist mittelbraun, DIN-A4-Format, aus fester Pappe und muss einmal Drucksachen enthalten haben; ich habe irgendwann »1980er« mit schwarzem Edding darauf geschrieben. Das Klebeband, mit dem ich sie später verschlossen habe, hat sich seither in eine trockene Schicht Chemikalien auf der Pappe und in brüchige braune Plastikfolie aufgelöst. Im Karton: kopierte Flugblätter, vergilbte Typoskripte auf Naturschutzpapier, Demonstrationsaufrufe, einzelne Zeitschriftenhefte, Handzettel, Zeitungsausschnitte; die ältesten von 1982, die letzten von 1990. Ungeordnet, kein Archiv, sondern ein Materialstapel, der beim Aufräumen in diesen Karton geraten war und den ich dann bei meinen Umzügen immer mitgenommen habe.

Ich muss mich heute ein bisschen überwinden, die Texte darin wieder zu lesen. Sie kursierten damals in der Szene und wurden als Manifeste, Positions- und Diskussionspapiere intensiv debattiert, denn dafür waren die Treffen da. So lustvoll das Selbstverständnis war, der Schreibstil war es nicht. Von ihren marxistischen Vorgängern aus den K-Gruppen hatten die Kämpferinnen und Kämpfer auch das Vokabular und die Sehnsucht nach der ganz radikalen theoretischen Analyse in ganz langen Sätzen geerbt.

»Aus dieser Analyse wird klar, dass Faschismus integraler Bestandteil dieses Staates ist, und es deswegen keinerlei Verhandlungen geben kann«, verkündete etwa im September 1986 ein Aufruf zu einer Demonstration zum Jahrestag des Todes von Günther Sare. »Protestgruppen erfüllen eine Ventil- und Legitimationsfunktion und sind daher leicht zu tolerieren, denn bei allem Protest stützen sie – wenn auch nicht unbedingt gewollt – den Imperialismus, und die zunehmende, aber noch nicht lebensbedrohende (von Einzelfällen allerdings abgesehen) Faschisierung scheint ihren Argumenten sogar recht zu geben.«[10] Mehr davon? »Der Aufbau und die Vernetzung militanter Kerne ist für uns Voraussetzung dafür, den Kreislauf sich wiederholender Bewegungsrhythmen zu durchbrechen, Bindeglied zwischen Bewegung und Alltag zu sein«, forderte ein anonymes Papier aus Frankfurt im Frühjahr 1987, »eine Organisation, die über beides hinausgeht und doch aus beidem bestehen muss.«[11]

Der immer wieder geäußerte Wunsch nach verlässlichen und funktionierenden Strukturen angesichts der Erfahrungen von Desorganisation und Durcheinander traf aber auf eine mindestens ebenso so starke Furcht vor verdeckten Ermittlern und Polizeispitzeln – samt regelmäßig wiederkehrenden Verräterdebatten. »Wer politisch gegen uns arbeitet, ist ein Spitzel!«, war ein solcher oft benutzter Spruch, und: »Das ist doch counter.« *Counter* war jede unpassende Äußerung und jeder offene Widerspruch in Diskussionen und Gruppenentscheidungen. Es war in den 1980er Jahres ein so selbstverständlicher Kampfbegriff innerhalb der linksradikalen Szene, dass mir erst viel später aufging, woher das Wort kam: von »counterinsurgency«. Wer widersprach, wurde mit dem Wort sozusagen offiziell mit der CIA-Strategie identifiziert.

Aber war das nicht auch Lust, die angeblich dauernd anwesenden, unsichtbaren und heimtückischen Verräter endlich identifiziert, überführt und ausgeschlossen zu haben? Denn schließlich war man umringt von Feinden, die in den Positionspapieren und in den Debatten mit möglichst scharfen Ausdrücken belegt wurden: »Faschisten«, »Bullenschweine«, »pigs«, das »menschenverachtende System«, »die Herrschenden« und reformistische kompromisslerische Öko-Softis.

Gegen sie war auch Gewalt legitim. Nachdem die Hamburger Redaktion der linksalternativen *tageszeitung* im Oktober 1985 ein Interview mit dem Chef des Hamburger Verfassungsschutzes abgedruckt hatte, wurden die Redaktionsräume von Autonomen verwüstet und die Einrichtung zerstört. Kritik von außen war unerwünscht. Auserwähltheitsbewusstsein und Abgrenzungsbedürfnis machten »Allein gegen alle« zum Prinzip und stolz verkündetem Programm. *Materialien gegen die Fabrikgesellschaft* hieß eine der Theoriezeitschriften der Szene im Untertitel, und im Haupttitel *Autonomie*. Man kämpfte gleichzeitig gegen den Überwachungsstaat, den Zwang zur Lohnarbeit, den Atomstaat, die Neonazis, die NATO, den Imperialismus als Ganzes, die Kleinfamilie und das Patriarchat. Und gegen die hierarchischen Universitäten sowieso.

Im Nachhinein fällt mir allerdings auf, wie stark sichtbar diese Strukturen in relativ kleinen Universitätsstädten wie Marburg, Göttingen, Freiburg und Tübingen waren. Die meisten Mitglieder und Sympathisanten autonomer Gruppen, die ich kennenlernte, kamen nicht aus den marginalisierten Unterschichten, deren Kämpfe sie als moralische Rechtfertigung und Zitatreservoir so gerne für sich in Anspruch nahmen. Sie waren Bürgerkinder mit Abitur und einem gewissen Ehrgeiz, auch akademisch. Ab Mitte der 1980er lasen wir Foucault, ich jedenfalls und andere um mich herum, und alles radikale französische Theoriezeug, das wir in die Finger bekommen konnten. Die schmalen Bändchen des Merve-Verlags wurden zum Erkennungszeichen in den Hauptseminaren.

In der eigenen Selbstdarstellung innerhalb der politischen Szene war aber vorerst davon nicht die Rede. Die war so antiakademisch wie möglich und offensiv sozialromantisch: Weil man sich selbst marginalisiert, kriminalisiert und ausgegrenzt vorkam, mussten die Ausgegrenzten, die Sozialhilfeempfänger und Kriminalisierten immer recht haben. Theorie war etwas für »Hirnwichser«, ein schnell gebrauchtes Wort für alles, was man nicht mochte oder was einem zu anstrengend war oder beides, denn nur lustvolle Praxis zählte: Das eigene, möglichst laut verkündete Gefühl war Argument genug.

Wenn ich heute in den Zeitschriftenheften in meinem Karton blättere, sticht mir die Vorliebe der kämpferischen Autorinnen und Autoren für Fußnoten und bibliographische Angaben im akademischen Stil ins Auge, Subproletariat hin oder her.[12] Und für Geschichte – die Frühjahrsausgabe 1985 der Zeitschrift *Autonomie. Materialien gegen die Fabrikgesellschaft* enthielt lange Analysen zur Subsistenz der Unterschichten im frühen 19. Jahrhundert und ihrer »moralischen Ökonomie«.

Der anonyme Autor der schon zitierten »Geschichte der Autonomen« von 1990 behauptete zwar streng, sein Pseudonym Geronimo habe mit dem 1829 geborenen und 1888 gestorbenen Apachenhäuptling nichts zu tun. In der zwei Jahre später erschienenen Fortsetzung, die Reaktionen und Kritiken enthielt, waren aber gleich zwei Texte eines Genossen namens »Tecumseh« abgedruckt, der auch als Mitherausgeber fungiert – der Name eines weiteren indigenen Häuptlings vom Stamm der Shawnee, er lebte von 1768 bis 1813.

Den amerikanischen Ureinwohnern als Rollenmodell fühlten sich praktisch alle Fraktionen der Alternativbewegung so eng wie möglich verbunden. Das reichte von den *indiani metropolitani* der späten 1970er über die linksalternative Theoriezeitschrift *Alemantschen* (Heft Nr. 3 liegt in meiner Schachtel) bis zu den Plakaten und Aufklebern mit einer düsteren angeblichen Prophezeiung der Cree, die in den 1980er Jahren in alternativen Wohngemeinschaftszimmern allgegenwärtig waren. Eine historische Fotografie eines Apachenhäuptlings schmückte die Tour-Plakate und das Cover der LP *Rauchzeichen* der Band Cochise, 1979 in Dortmund gegründet: Sie spielte auch auf der Bonner Großdemonstration 1982.

»Deutscher sein heißt Indianer sein«, hat der Dichter Heiner Müller 1999 in einem Interview gesagt und dazu ganze

Passagen aus einem Wildwestdrama namens »Marterpfahl« von 1932 auswendig vorgetragen, obwohl er den Text seit seiner Kindheit angeblich nicht mehr in der Hand gehabt habe. In der Geschichte des Hamburger Alternativverlags Nautilus hatten die Indianer noch 1996 einen prominenten Auftritt. Der Verlag brachte die »Botschaften aus dem Lakandonischen Urwald« von Subcommandante Marcos heraus, und in ihrer 2022 erschienen Autobiographie verwendet die Verlegerin kämpferische Zitate von Indigenen als Kapitelüberschriften. »Bedingungslose Verweigerung der Macht« und »Wir sind Indianer aller Stämme. We hold the rock!«[13]

Mit den amerikanischen Indigenen und deren traurigem Schicksal hatten sich aber bereits die deutschen Romantiker des 19. Jahrhunderts identifiziert, ebenso wie andere zeitgenössische nostalgische Autoren – auch der anfangs zitierte Vicomte de Chateaubriand sah sich als Seelenverwandter der Irokesen. Erst recht galt das für die vielen begeisterten deutschen Leser und Fortsetzer von Karl May, und für Antiamerikaner des frühen 20. Jahrhunderts wie Erhard Wittek alias Fritz Steuben. Der hatte auch den Häuptling Tecumseh in seinen Jugendromanen berühmt gemacht, acht Bände, erschienen zwischen 1929 und 1939, mit deutlichen nationalsozialistischen Sympathien und Hunderttausenden verkauften Exemplaren. Indianerschmuck trug auch Konrad Adenauer 1965, ein erfolgreicher deutscher Hersteller von Kinderschuhen wählte Sioux als Markenname, und die DDR unterstützte offiziell das American Indian Movement der 1970er Jahre.[14]

Geronimo und Tecumseh waren in ihrer Begeisterung für Namenspatrone von der anderen Seite Atlantiks also nicht so außergewöhnlich und autonom, wie sie sich selbst vorkamen. Deutscher sein, muss man deswegen wohl Heiner Müller korrigieren, heißt Indianer spielen.

Verweigerung vor Zuschauern

Wieso ein Apachenhäuptling als Pseudonym für eine Geschichte der Autonomen im Berlin nach der Wiedervereinigung? Mit wirklichen Indigenen auf der anderen Seite des Atlantiks und deren komplizierter Geschichte hat das vermutlich nichts zu tun. Mehr Sinn macht es als Erkennungszeichen und Chiffre für eine gemeinsame Empfindung: Allein gegen alle eben.

Denn jeder Auftritt als nordamerikanischer Indianer spielte angesichts des realen Genozids an den Stämmen der *First People* immer auf die Figur des letzten Mohikaners an, unterlegt mit Weltuntergang, Bedrohung, Bekenntnis zum echten Eigenen – und zum Mann-Sein, denn weibliche Indianerhäuptlinge gab es nicht.[15] Zur deutschen Angstlust an Umweltzerstörung und Atomkrieg, gepaart mit der Selbststilisierung als lustvolle unzivilisierte Wilde in den 1970er und 1980er Jahren, passte das hervorragend. Allein gegen alle war Selbstauserwähltheit und Beförderung zum imaginären Häuptling, Rechtfertigung für das Herumkommandieren anderer und ihr Abqualifizieren als Verräter, Kompromissler, Korrumpierte. Wer als Einziger das Richtige tut, unbeugsam im Angesicht der Übermacht der Feinde bei seinen Regeln und seiner Überzeugung bleibt, darf nämlich alles.

Eine solche Selbstauszeichnung als (männlicher) Einzelkämpfer, gepaart mit ostentativem Hochmut und Unnahbarkeit, war damals als öffentliche Pose unverzichtbar – nicht nur bei den Jungs mit den Hasskappen. Die Coolness der frühen Achtzigerjahre, hat das ein Zeitzeuge nachträglich zu fassen versucht, sei nicht nur »hochmütige Attitüde einer selbsternannten Avantgarde« gewesen, sondern auch »ein Exerzitium, Härte gegen sich selbst, bis zur Anerkennung der eigenen Bedeutungslosigkeit«. Ein paar Jahre lang sei man der Illusion nachgejagt, »Souveränität in einem zeitlich befristeten Prozess des Selbstzerfalls erobern zu können«.[16]

Das ist dreißig Jahre später geschrieben und deswegen von so viel abgeklärter Eleganz. Im damaligen Sprachgebrauch wurde das sehr viel aggressiver vorgetragen, als rotzige Forderung. »Laumeierei« dürfe es in der politischen Arbeit ebenso wenig geben wie beim Büchermachen, meinte der Mitbegründer des alternativen Nautilus-Verlags stolz, und seine Kollegen vom Merve-Verlag verkündeten 1982: »Unsere Werbung besteht darin, an bestimmten Orten nicht in Erscheinung zu treten.« Das kaufende Publikum war natürlich notwendig, sollte sich aber auf keinen Fall übermäßig umworben fühlen. Das Verlagsprogramm von Merve im Winter 1985 prunkte mit einem schroffen Nietzsche-Zitat auf der Titelseite. »Noch ein Jahrhundert Leser, und der Geist selber wird stinken.«[17]

Das klingt wie Konkurrenz um die härtere, die kompromisslosere und deswegen autonomere Haltung, und das war es auch – ein Wettbewerb. 1985 ging ein befreundeter Mitstudent in der hessischen Universitätsstadt als Brigadist nach Nicaragua, um dort die sandinistische Revolution zu verteidigen. Seine Wohngemeinschaft wollte ihre unbedingte Solidarität mit ihm zeigen. Sichtbar wurde das an ihrem Kühlschrank. Auf ihm wurde nämlich eine Liste der Dinge angebracht, die ab sofort nicht mehr aus der gemeinsamen Haushaltskasse gekauft werden durften. Das Geld wurde stattdessen auf den Solidaritätsfond für die Sandinisten überwiesen.

Ich stand staunend in der Küche und sah mir die Liste an. Sie war ziemlich lang. Untersagt waren Butter (Margarine war erlaubt), Kaffee (außer dem aus Nicaragua) und jede Art Milch außer der Haltbarmilch von Aldi. Außerdem verboten: Schokolade und alle Arten von Frucht-, Nuss- und Vanillejoghurt. Es ging um Verzicht für die große Sache, und dieser Verzicht war kollektiv, öffentlich und kompetitiv, denn die politisch engagierten Wohngemeinschaften wetteiferten, wer die strengere Liste hatte. Radikale Verweigerung vor möglichst großem Publikum war der herrschende Stil der Selbstdarstellung, und er dominierte auch die internen Hierarchien. Wer war am konsequentesten? Wer verzichtete noch radikaler, wer war noch reiner?

September 2021, ein Gespräch mit einer Zeitzeugin. Franziska aus Freiburg, Jahrgang 1960, erzählt mir über ihre Zeit in dem besetzten Haus in Köln, in dem sie in der zweiten Hälfte der 1980er ein paar Jahre gewohnt hatte. Was findet sie im Nachhinein am erstaunlichsten an ihrer damaligen Lebensform? »Die moralischen Regeln«, sagt sie, »die strikten Vorstellungen, wie man zu leben hatte, wenn man links und engagiert und radikal war. Man durfte nicht heiraten, Kinder kriegen war sowieso scheiße und bürgerlich, und über eigene Zweifel und Unsicherheit an den Spielregeln der Gruppe zu reden war Psycho.« Das war ein sehr abschätziges und abwertendes Wort: »Was machst denn du für einen Psycho?« Sehr viele Leute in der Szene kamen aus kaputten Familien, aber das sei ihr alles erst nachher aufgefallen, nachdem sie ausgezogen war.

Theoretisch waren alle gleich, erzählt Franziska, alles musste im besetzten Haus gemeinsam diskutiert und gemeinsam beschlossen werden. Aber wer die radikalsten moralischen und politischen Forderungen stellte, hatte in der Diskussion automatisch die Oberhand. Was zählte, war Klarheit, Konsequenz und »Härte«, ein außerordentlich positiv besetzter Begriff. In der Praxis im Alltag gab es unter den Besetzerinnen und Besetzern deshalb unübersehbare Hierarchien. »Ich war ganz unten in der Hackordnung im Haus, als Frau sowieso.« Deswegen wohnte sie im Erdgeschoss. »Es war dort eher laut, und vor den Fenstern fuhren die Polizeiwagen dauernd Streife.«

Die Häuptlinge – ausnahmslos Männer – wohnten dagegen ganz oben. Im Haus hießen sie hinter vorgehaltener Hand die Dachfürsten. »Und die Dachfürsten kamen ständig zu mir herunter wegen Alltagsdingen, hast du mal Kaffee, Zucker, Klebeband, Werkzeug, egal, und nie brachten sie irgendetwas von dem zurück, was sie sich im Namen des Gemeinsamen ausgeborgt hatten.« Ihre Freundin war mit einem der Männer aus dem obersten Stockwerk zusammen. Als sie selbst nach mehreren Jahren auszog, kündigte die Freundin ihr deswegen auch die Freundschaft. Sie würden sich ab jetzt nicht mehr sehen. »Aber warum?« Weil, sagte die Freundin streng, Politik und Engagement wichtiger seien als persönliche Beziehungen. Wer wirklich ganz und glaubwürdig Teil der Bewegung sein wollte, musste dafür Opfer bringen – oder sie von anderen einfordern, das vermischte sich leicht.

Retropie

Es gibt noch eine weitere starke und ansteckende kollektive Empfindung, die mir im Nachhinein für die militante autonome Szene prägend erscheint. Es ist ein affektives Regime, das ich Retropie nennen würde: die gemeinsame Wahrnehmung der Welt durch eine Brille, ein Konzept, ein Schema von gestern.

Das klingt zwar sehr ähnlich wie die Phänomene, die Zygmunt Baumann in »Retrotopia« beschrieben hat, meint aber etwas anderes. Baumanns Retrotopia ist ein imaginärer Ort, weit draußen auf der anderen Seite eines Ozeans aus unwiderruflich vergangener Zeit, in dem Zukunft und Vergangenheit verschwimmen, und sein explizites Modell dafür ist Thomas Morus' »Utopia« – oder Nicht-Ort, Un-Ort, wörtlich übersetzt.

Retropie mit -e dagegen bezeichnet keinen Ort, sondern einen Zustand. Denn dafür steht die griechische Endung auf -ie; wie bei Entropie, in Thermodynamik und Informationstheorie; oder Diplobie, der medizinische Fachausdruck dafür, dass man etwas doppelt sieht. Sehr viel verbreiteter und bekannter ist die Myopie: Kurzsichtigkeit. Deswegen Retropie: ein Wahrnehmungsmodus, der den Betroffenen die Welt ausschließlich durch Ereignisse von früher erscheinen lässt.

Retropien folgen einem bereits bekannten Drehbuch früherer Versuche. Retropien beschwören deshalb auch unablässig den großen Plan von früher, der diesmal gelingen werde, wenn er nur konsequent genug befolgt werde. Die kommunistischen Splittergruppen der 1970er Jahre wussten genau, dass sie diesmal die richtige kämpferische bolschewistische Kaderpartei mit den richtigen Entscheidungen für die richtige Revolution organisieren würden. (Den Ersten Weltkrieg blendeten sie aus.) Die selbsternannten Revolutionäre von rechts derselben 1970er Jahre waren überzeugt, Deutschland zu seinen kulturellen Ursprüngen zurückführen zu müssen. (Die Endphase des Zweiten Weltkriegs und das Wirtschaftswunder ignorierten sie.) Alle politischen Bewegungen, die sich als kognitive Reparaturversuche der Realgeschichte verstehen, sind deswegen anti-neugierig. Sie sind davon überzeugt, dass die Zukunft ausschließlich aus verbesserten Versionen der eigenen Vergangenheit bestehen kann und muss. Das in der Zwischenzeit unerwartet eingetretene Neue darf und muss ignoriert werden, weil es irrelevant ist und ohnehin demnächst abgeschafft werden wird. Das geschieht unter Berufung auf jene »Traditionen«, die entweder Produkt der großen Epoche von früher seien oder sie umgekehrt ermöglicht hätten, das wird gewöhnlich offengelassen.

Retropie ist die Formel für alle politischen Forderungen, in denen es um Wiedergutmachung geht, um Rückgabe oder gemeinsame Rückkehr zu den Zuständen vor der Gentrifizierung, Kommerzialisierung, Kolonialisierung; oder, aus entgegengesetzter politischer Richtung, zur Rückkehr in Verhältnisse *vor* der politischen Gleichstellung von Frauen und Homosexuellen, *vor* der Einwanderung, *vor* der Industrialisierung. Eine solche Rückkehr sei möglich, so die damit verkündete Vorstellung und Forderung, wenn alle nur fest daran glaubten und das hohe Ziel gemeinsam verfolgten, konsequent und ungeachtet der damit verbundenen kurzfristigen Nachteile.

Die Vergangenheit, so das retropische Versprechen, wird als optimierte Version ihrer selbst in der Zukunft wiederhergestellt werden. Deswegen darf man sich auch dem Zauber der alten Schlagworte und Slogans so vertrauensvoll hingeben, weil sie angeblich die Wahrheit von morgen enthalten; eine Art genießerische Selbstmassage mit alten Texten und vertrauten Bildern. Retropische Bilder bieten kopierte andere Bilder an, am liebsten solche, die dem Betrachter schon bekannt und vertraut sind. Retropie heißt: Es wird keine Überraschungen geben außer denjenigen von früher, die wir für uns selber schon vorbereitet haben.

Als rhetorische Technik ist das verlockend und entsprechend weit verbreitet. Ein ähnliches Spiegelkabinett aus großen Vorbildern hatte auch Jürgen Habermas in seinem schon zitierten Sammelband von 1979 aufgerufen, als er ihn »Stichworte zur geistigen Situation der Zeit« nannte. Das Buch, auf das der Titel anspielt, »Die geistige Situation der Zeit«, hatte ein anderer prominenter Philosoph, Karl Jaspers, 1932 herausgebracht, und Habermas nahm darauf in seiner Einleitung Bezug. Den leichten historischen Schauereffekt, den die Erwähnung der Jahreszahl automatisch mitproduzierte, wird er gerne akzeptiert haben.

Als Habermas sechs Jahre später seine Diagnose einer »neuen Unübersichtlichkeit« publizierte, verwandelte er die 1960er und 1970er Jahre nachträglich in jene klar konturierte gute alte Zeit einer selbstbewusst optimistischen Moderne. Umgekehrt diagnostizierte ein einflussreicher konservativer Geschichtsprofessor an der Universität Erlangen ein Jahr darauf, 1986, einen unwiderruflichen und fatalen »Verlust an Geschichte« und die »Erosion gemeinsamer Werte«, wenn sich »die Deutschen« nicht sofort auf ihre »Identität in Europas Mitte« besinnen würden – was auch immer damit gemeint sein mochte.[18]

Slogans von der Rückkehr zu authentischeren Vorbildern aus der Vergangenheit waren auch in den verschiedenen Flügeln der Alternativbewegung selbstverständlich, als geteilte und gemeinsam ausgeschmückte Empfindung und Versprechen gleichzeitig. Der Historiker Sven Reichardt hat in seiner großen Studie von 2014 diese politischen Milieus als »gelebte Deutungsgemeinschaften« beschrieben – man versicherte sich gegenseitig, dass alles so war, wie man es sah.[19] Retropie ermöglichte je nach Gusto die Identifikation mit den Situationisten, den anarchistischen Widerstandskämpfern gegen Franco und mit Aufständischen aller möglichen früheren Jahrhunderte. Die linken Alternativverlage Wagenbach, Rotbuch und Nautilus brachten in den 1980ern auffallend viele Sachbücher über vormoderne Revolten heraus, vom Aufstand der Ciompi in Florenz im 14. Jahrhundert über den deutschen Bauernkrieg bis zu Studien über Ketzer, Hexen und Aufständische in der

Frühen Neuzeit. Auf Spruchbändern im besetzten Hüttendorf im Frankfurter Stadtwald gegen die Flughafenerweiterung 1982 wurde sogar Thomas Müntzer zitiert, der charismatische Anführer der Bauernkriege aus dem 16. Jahrhundert.

Die Militanteren definierten sich dagegen als direkte Nachfolger der Widerstandskämpferinnen gegen den nationalsozialistischen Gewaltstaat. Verweise auf die »faschistischen Kontinuitäten in der BRD« spielten in der Selbstdarstellung der Autonomen eine zentrale Rolle; in ihrer Wahrnehmung waren sie die Einzigen, die in angemessener Weise gegen dieses absolute Böse aus der Geschichte Widerstand leisteten. Die so laut beklagte »faschistische Praxis« trat zwar in Gestalt christ- und sozialdemokratischer Bürgermeister und Polizeipräsidenten auf, aber davon wollten sich die Kämpfer nicht irritieren lassen.

Deswegen war im Kampf gegen sie jedes Mittel legitim – umso mehr, als sich die grimmige Beschwörung der Pflicht zum Widerstand mit dem Lustprinzip vermischen ließ. Ein ausführliches Flugblatt (vier Seiten, klein bedruckt) zur bereits erwähnten Demonstration in Frankfurt am Jahrestag des Todes von Günther Sare 1986 beschwor die »Kontinuität des Faschismus«. Über ein grob gerastertes Schwarz-Weiß-Foto von Vermummten mit Brandflaschen war als Motto ein leicht verfremdeter Werbeslogan gesetzt: »Wir verstehen uns, im besten Sinne, als autonome Antifaschisten. Weil wir Sachen machen, die wir gerne mögen.«

Noch inniger suchten die Autonomen der 1980er Jahre bei der Mobilisierung für Demonstrationen aber ihre eigenen Spektakel von früher aufleben zu lassen. Die Zukunft sollte

Kampf dem Faschismus

heißt Kampf dem imperialistischen System

zur Demo am 27.9.86 in Frankfurt

Am 28.9.85 wurde Günter Sare bei einer Demo gegen die NPD von einem Wasserwerfer überrollt.Dieser kalkulierte Mord steht für die faschistische Kontinuität und Praxis im BRD-Parlamentarismus.Der folgende Text soll diese Politik verdeutlichen und die Grundzüge autonomer Antifa-Arbeit darlegen.Im Gegensatz zu den reformistischen Kräften von VVN bis SPD,für die der Faschismus am 8.Mai 1945 beendet war und für die es deshalb keine faschistische Kontinuität und Praxis im BRD-Staat gibt.Ihr "Kampf" beschränkt sich auf "Verbotsforderungen" und Parolen wie "Wahret den Anfängen".Ihre Politik bewegt sich im vom Staat gesetzten Rahmen,auf dem juristischem Boden des Grundgesetzes,sie ist gewaltfrei und demokratisch.Logischerweise ist dieser Staat (die Herrschenden) ihr Verhandlungspartner, mit dem sie sich an einen Tisch setzen und Demorouten abstecken, Polizeieinsätze koordimieren und an den sie gleichzeitig z.B. "Verbotsforderungen" und Abrüstungsappelle richten.
Mit dieser Politik haben wir nichts zu tun.Für uns ist es wichtig,die Geschichte und Realität dieses Staates zu analysieren und zu erkennen.Aus dieser Analyse wird klar, daß Faschismus integraler Bestandteil dieses Staates ist,und es deshalb keinerlei Verhandlungen geben kann.

Kontimuität des Faschismus

Von den Alliierten wurde nie eine wirkliche Befreiung vom Faschismus gewollt oder angestrebt.Für den Imperialismus ist die Befreiung von Menschen uninteressant.Die "Sieger" hatten vielmehr ein Interesse daran,aus den Erfahrungen des deutschen Faschismus zu lernen um sie für ihre eigene Herrschaftssicherung zu verwenden.Das Wichtigste nach dem 8.5.45 war für die westlichen Alliierten die Erhaltung der kapitalistischen Wirtschaftsordnung und der Produktionsmittel.Es wurde an den wirt-

schaftlichen Machtverhältnissen nichts geändert.Die Stunde Null gab es für Kriegsverbrecher wie Flick,Krupp...nicht.Im Gegenteil konnten die begnadigten Nazis direkt weiterverdienen.Der bekannteste Name ist wohl Prof.Werher von Braun,der unter den Nazis die V1 und V2 entwickelte.Nach 45 war er maßgeblich an der Entwicklung der Pershing 1A und 2 für die Amerikaner beteiligt.In der Restaurationsphase des kapitalistischen Systems in der westlichen Zone wurden die Erfahrungen des 3.Reiches genutzt und konnten so von Anfang an in den "neuen" Staat BRD einfließen Ein Beispiel ist der Justizapparat der komplett,d.h. auch personell übernommen wurde.In anderen Bereichen der BRD-Realität floßen die Erfahrungen des Faschismus ebenfalls ungebrochen ein.Die Kontinuität des Polizeiapparates wird durch die neuen Sicherheitsgesetze sichtbar.Wurde nach 45 Geheimdienst und Polizei getrennt,um die willkürliche Polizeigewalt der Gestapo zu beenden und in Zukunft zu verhindern,so heben die neuen Gesetze die Trennung wieder auf.Die Bundeswehr wurde unter der Beteiligung von ehemaligen Wehrmachtsangehörigen reorganisiert.Die Bundeswehr ist wie die Wehrmacht eine Angriffsarmee.Im Spannungsfall wird die Bundeswehr auch gegen das "eigene Volk" eingesetzt (Territorialheer = spezielle Reservistenverbände,die im Kriesenfall im Innern eingesetzt werden,zum Schutz von Kraftwerken,Brücken etc.).Das sind nur die markantesten Beispiele der faschistischen Kontinuität.Mensch kann sie in unzähligen anderen Bereichen nachweisen.

Faschistische Praxis

Die faschistische Kontinuität zeigt sich auch in ihrer faschistischen Praxis.Wir sehen bei jeder Demo was der Staat gegen uns aufführt,um den Widerstand auf der Staße zu zerschlagen.Günter Sare starb als kalkuliertes Opfer der Aufstandsbekämpfung.Das Konzept

Anonymer Aufruf zur Demonstration in Frankfurt am Main am 27. September 1986, Titelseite dem Alten möglichst ähnlich sehen. Die Fotos brennender Polizeiwagen und geplünderter Geschäfte von der Berliner Demonstration am 11. Juni 1982 wurden auf Flugblättern und in Beiträgen der Szenezeitschriften in den Jahren danach beharrlich als Chiffren für erfolgreichen militanten Protest weiterverwendet, als ob man bei ausreichender Entschlossenheit und erfolgreicher Mobilisierung das verheißungsvolle Motto »Feuer und Flamme« neu und dieses Mal richtig erfolgreich inszenieren könne; besser, größer und geiler, um im Jargon von damals zu bleiben.

»Im Rückblick«, meint der Publizist, aus dessen elegant formulierten Erinnerungen an seine Zugehörigkeit zur Berliner Subkultur der frühen 1980er ich weiter oben zitiert habe, »hatte das Ganze auch etwas unendlich Verhocktes.«[20] Viele der Selbstdarstellungen und theatralischen Auftritte der Autonomen sehen im Nachhinein nach Posieren in einem selbstgemachten Film aus, der zu gleichen Teilen aus düster-dystopischer Science-Fiction und lustvoll-ironischer Comic-Ästhetik zusammengesetzt war, eine Collage aus Selbstzitaten und dem trotzigen Beschwören alter Gewissheiten von früher, gerade weil sich die Welt nach dem November 1989 immer schneller zu verändern begann. Aber eben nicht im Kopfkino der Kämpfer. Das verhieß weiterhin die Verschmelzung von männerbündischer Gewalt und lustvoller Tanzparty.

Der Staat muß bei solchen Einstellungen politisch zumindest anerkannt werden, z.B., durch Verbotsforderungen und Gesetzesinitiativen.
Demokratie kann dann auch wesentlich nur formal definiert werden, der typischen "Rechenhaftigkeit" der bürgerlichen Gesellschaft und ihres Staates entsprechend. Jedenfalls gilt dies für stark auf den "Parlamentarismus"" fixierte "linke" Gruppen. Dabei hat sich "Demokratie" zunehmend als Instrument gezeigt, mit dem Ausbeutungsverhältnisse und Repression zu erhalten und zu fördern, Menschenwürde, Freiheit und Selbstbestimmung zu unterdrücken sind. "Demokratie" erweist sich somit als das Gegenteil von dem, als das es viele erscheinen lassen möchten. Schon im Begriff "Demokratie", prallt "Herrschaft" unsanft mit Volk zusammen, wobei letzteres zwangsläufig auf der Strecke bleibt.
Um Freiheit und Autonomie willen, muß das Volk sich gegen Herrschaft überhaupt wenden, sie bekämpfen, mit dem Ziel, diesen Kampf einmal unnötig werden zu lassen. Damit muß sich auch Antifaschismus, mit Antiimperialismus untrennbar miteinander verbunden, notwendigerweise den gleichen revolutionären Kampf führend, gegen die Demokratie wendend. Antidemokratisch sein [illegible] solange, bis es im menschlichen Zusammenleben kein müssen und keine zwanghafte Notwendigkeit mehr gibt.

Wir verstehen uns, im besten Sinne, als autonome Antifaschisten. Weil wir Sachen machen, die wir gerne mögen.

Es gibt keine Freiheit im Staat

Das ein "freier Volksstaat" ein Widerspruch in sich ist, haben schon andere gesagt, so daß es unnötig ist hier näher darauf einzugehen. Wichtig ist jedoch, daraus die Konsequenzen zu ziehen, daß ein Staat notwendigerweise Unfreiheit und Unterdrückend und gegen das Volk gerichtet ist, daß es nur darum gehen kann ihn zu bekämpfen. Bekämpfen heißt dabei auch, daß seine Machtansprüche und Privilegien negiert, nicht beachtet und angegriffen werden, daß kein Vertrauen in ihn gesetzt wird, sondern das selbst gewünschte und für richtig erkannte, das ein freies, selbstbestimmtes Leben gelebt wird.
Nicht über die alles versprechende Gegenmacht, die in sich schon wieder Unterdrückung bedeutet, kann der Weg gehen. Wichtig ist, eine "Gegengewalt" zu schaffen, die so schon in ihrer Konstituierung ihre zeitliche Begrenzung nicht nur beschwört, sondern von ihrer Existenzberechtigung her unausweichlich ist.

Feuer und Flamme
diesen staat

Demonstrationsaufruf, letzte Seite

Nach dem Kampf gehen die harten Männer tanzen: Flyer für ein Konzert mit Disco im April 1990, Hamburg

Ausstiegsszenarios

Ein Gepäckband am Flughafen. Darauf kreist ein einzelner Koffer. Er kommt mir eigenartig bekannt vor; und als er oft genug vorbeigekommen ist, merke ich, dass ein Namensschild daran hängt. Mein Name steht darauf. Offenbar war ich es, der ihn gepackt und aufgegeben hat, ich hatte es nur vergessen, und er hat mich die ganze Zeit unsichtbar begleitet. Nimm ihn vom Band; er ist ganz schön schwer, rollt aber gut. Was mag er enthalten?

Es ist einigermaßen irritierend, in den Flugblättern, Broschüren und Zeitschriftenartikeln aus meinem Karton zu blättern. Aber dasselbe gilt für die normalen Tages- und Wochenzeitungen aus den 1980ern. Ich war damals dabei, kann mich aber an nichts – oder fast nichts – von dem erinnern, was ich heute in den Zeitungen von damals nachlesen kann. Ist das wirklich meine eigene Vergangenheit?

Im Frühjahr 1986 explodierte der Atomreaktor in Tschernobyl und verursachte großflächige radioaktive Verseuchung. Von den darauffolgenden militanten Protesten gegen eine geplante atomare Wiederaufbereitungsanlage im bayrischen Wackersdorf im Mai desselben Jahres ist schon weiter oben die Rede gewesen. Endlich großer Wumms und Ernstfall, wenn auch im anderen Imperium. Plus jede Menge ansteckende Gefühle in wilden Mischungen. »I study nuclear science«, sang die Punkband Timbuk 3 damals ironisch: »the future's so bright, I gotta wear shades«, und die westdeutschen Zeitungen schrieben von »Bürgerkrieg«. Der Innenminister und der Chef des Bundeskriminalamts bezeichneten die Demonstranten gegen die Nuklearfabrik in der Oberpfalz als unmittelbare Gefahr für die innere Sicherheit, vergleichbar nur mit den Terroristen der Roten Armee Fraktion. Auch deswegen bekam ich gemischte Gefühle, als ich das Foto von meinen Genossen und mir in der Zeitung sah.

Die Wiederaufbereitungsanlage in Wackersdorf wurde mit gewaltigem staatlichen Aufwand, Wasserwerfern, Hubschraubern und Zehntausenden von Überstunden von Polizisten und Bundesgrenzschutzbeamten gegen Demonstrantinnen und unwillige Anwohner durchgesetzt. Nur fertig wurde sie nie. 1989 wurden die Bauarbeiten eingestellt. Verhindert haben sie nicht die Proteste mit »Feuer und Flamme«, sondern kühle Kostenrechnung. Die französische Nuklearfirma Cogema hatte dem deutschen Energiekonzern ein finanziell günstigeres Angebot für die Aufbereitung gebrauchter Brennelemente gemacht; daraufhin verkündete der prompt den Verzicht auf den Bau einer eigenen solchen Anlage in Deutschland.[21]

Deutlich größer als der Protest der militanten Atomkraftgegner 1986 war ohnehin die Kundgebung gewesen, die am selben Pfingstwochenende auf dem Messegelände München stattgefunden hatte, wie ich den Zeitungsberichten entnehme. Es war der »Tag der Sudetendeutschen«, mit Trachtengruppen und 150 000 Teilnehmern.[22] Wollten die wirklich ihre »Identität« in der »Mitte Europas« wiederhaben, von deren Verlust der oben zitierte konservative Historikerhäuptling im selben Jahr gepredigt hatte? Möglich. Die überwältigende Mehrzahl der vertriebenen Sudetendeutschen und ihrer Nachkommen konnte aber mit dem endgültigen Verlust ihrer Heimat von gestern in der BRD so gut leben, dass sie von einer politischen *pressure group* allmählich zum pittoresken Vergangenheitsverein mit eigenen Ritualen und Erkennungszeichen wurden. Sie hörten auf, sich als Sondergruppe zu definieren, und lösten sie sich so gut wie restlos in der Gesamtgesellschaft auf.

Wie die Autonomen auch, der Trachtenverein, in dem ich Mitglied war. Einer der drei Genossen, die zusammen mit mir auf dem dramatischen Foto von der Gewalt am Bauzaun im Frühsommer 1986 zu sehen waren, wurde Medienwissenschaftler. Der zweite machte seinen Abschluss in Betriebswirtschaft. Der dritte wurde zuerst mittelständischer Unternehmer, dann Mitbegründer und schließlich Vorstandsmitglied einer erfolgreichen Entwicklungsbank. Ich bin leider mit keinem von ihnen mehr in Kontakt. Deswegen kann ich sie auch nicht fragen, ob früher wirklich alles besser war.

Bürgerkriegsszenarien, Terrorwarnungen, gewalttätige Demonstrationen: So war sie eben auch, die angebliche Beschaulichkeit der alten Bundesrepublik, die nach dem Fall der Mauer und dem Beitritt der ehemaligen DDR bis heute gerne nostalgisch beschworen wird, als für immer verlorene Idylle. Vermutlich muss das so sein. Die eigene Gegenwart ist immer unscharf und flauschig, eine Art lauwarmer, bewegter, dreckiger Schaum. Dagegen hilft nur gemeinsames Gefühlskino in der Form der Retropie: Sie ist so verlockend, weil sie Kontrolle verspricht und Rückkehr ins Vertraute, man setzt dafür bereits vorhandenes älteres Material einfach neu zusammen. Im Kino angekommen sind die geplante deutsche Wiederaufbereitungsauflage und die Proteste gegen diese bedrohliche Fabrik des Bösen mittlerweile ebenfalls – der vom Bayrischen Rundfunk koproduzierte Spielfilm *Wackersdorf* hatte 2018 auf dem Filmfest München Premiere.

Das ist vermutlich das Kennzeichen aller Protestbewegungen, hat der amerikanische Schriftsteller Thomas Pynchon 1984 bemerkt: Sehnsucht nach dem verlorenen Echten von früher. Geschrieben hat er das im Vorwort zu seinen wieder aufgelegten frühen Erzählungen vom Ende der 1950er und Beginn der 1960er Jahre. Die Hippies beklagten die verlorene Intensität der Beats und kopierten sie gleichzeitig. »Die Riffs wurden wieder aus der Versenkung geholt, und die Weisheit des Ostens kam in diskreter Verkleidung zurück. Es war alles wie früher, nur war alles anders.« Eine Pose, die er selbst damals kongenial fand – und von der, wie er ironisch hinzufügt, »ich zu meiner Entlastung hoffe, dass sie im späten Jugendalter nichts Ungewöhnliches ist« –, war die einer düsteren Lust an jeder Form von massenhaftem Nieder- und Untergang.«[23]

Die düstere Lust kommt mir sehr bekannt vor. Nach ein paar Jahren ließ sie bei mir deutlich nach. Im November 1987 erschoss ein militanter Frankfurter Startbahngegner zwei Polizisten – ich hatte ihn vom Sehen gekannt, die Szene war überschaubar. Damit war eine Grenze überschritten, vom Waffengebrauch und den Anschlägen der Roten Armee Fraktion und anderer militanter Gruppen hatten sich die Autonomen zuvor immer scharf abgegrenzt. Angesichts der Toten war die eigene Selbstdefinition als lustvoll-unberechenbar – oder soll man unschuldig sagen? – nicht mehr aufrechtzuerhalten, und die zuvor verdeckten internen Konflikte zwischen den verschiedenen radikalen Fraktionen brachen heftig nach außen auf.[24]

An den Demonstrationen gegen die Wiedervereinigung im Oktober 1990 habe ich noch teilgenommen, aber da erschienen mir die Vermummungen, die schwarzen Outfits und die Musik – Punk und die alten Hits von »Ton Steine Scherben« aus den frühen 1980ern – schon wie sentimentales Politbrauchtum, Reinszenierungen der wilden echten Gefühle und Kostüme von früher. Meine Angst hatte ebenfalls abgenommen. Atomkrieg und Ökokatastrophe blieben unerklärlicherweise aus. Trotz vieler bizarrer Phänomene – die Deutsche Bahn warb nach 1990 mit »Halber Preis fürs ganze Volk« – wurde die wiedervereinigte BRD nicht der nationale faschistische Gewaltstaat, vor dem die Autonomen sich selbst so beharrlich gewarnt hatten. Vermutlich hatte ich nach meinem Magisterexamen auch einfach etwas anderes zu tun.

Was lehrt eine solche private Rückschau? Die Autonomen waren alles Mögliche, nur nicht selbstbestimmt. Was sie in ihrem eigenen Selbstverständnis am meisten verabscheuten, nämlich die Slogans der 68er und der K-Gruppen der 1970er, das Vergnügungsmaterial der kommerziellen Unterhaltungskultur, die Aufmerksamkeit der Massenmedien und die Anerkennung im akademischen Feld, das alles wollten sie gleichzeitig auch unbedingt haben. Sie wollten es für ihre eigenen Zwecke nutzen und damit herumspielen, aber ohne davon kompromittiert und korrumpiert zu werden. Und vor allem, ohne es selbst bemerken zu müssen – schließlich waren sie die schärfste mögliche Negation, gegen alle Kompromisse und Öko-Softis in strengem Schwarz.

Das war eine weitere Entdeckung der 1980er Jahre. Die öffentliche Aufführung, Darstellung und Protokollierung der eigenen starken subjektiven Gefühle erhöhte auf jeden Fall die eigenen Möglichkeiten; und umso stärker, wenn es ansteckende, widersprüchliche und eben gemischte Gefühle waren. Diedrich Diederichsen hat als Chronist der Popkultur diese Bewegung über Jahrzehnte aufmerksam beobachtet. Der Schritt von der ironischen Verweigerung – »I am a cliché« sang die feministische Punkband X-Ray Spex 1977 – zur öffentlich ausgestellten Subjektivität als Erfolgspose im Stil von Rainald Goetz und seinen vielen Nachahmern war gar nicht groß.

»Tatsächlich sind Techniken des Selbst mitunter sehr geil«, notierte Diederichsen 1999 erstaunt und mit vorsichtiger Zustimmung. »Die neuen Selbstkontroll- und Beobachtungsmöglichkeiten bergen Genussmöglichkeiten.«[25] Weil es Vergnügen machte, merkte man selber fast gar nicht, dass Mitteilungen über das eigene höchst persönliche Empfinden einen umso mehr anspornten, wenn sich im Publikum mögliche Sponsoren, Auftrag- und Arbeitgeber befanden.

Auch das ist ein Vermächtnis dieser wilden subjektiven Selbstinszenierungen: Im Nachhinein wirken sie eher peinlich. Zum Bestandteil offizieller Erinnerung sind die Autonomen deswegen nicht geworden, in neuen Geschichten der Bundesrepublik kommen sie meist schlicht nicht vor.[26] Ein vollmundig »Subkultur Westberlin 1979–1989« betiteltes Erinnerungsbuch von 2009 etwa besteht deswegen neben einzelnen interessanten Anekdoten so gut wie vollständig aus der ausführlichen Darstellung der verschiedenen Kunstprojekte des Autors, seiner Auftrittsorte und Galerien. Nur um Ästhetik sei es damals gegangen, so die Botschaft: alles Künstler.[27]

Die Gewalt sei gestalterisches Spektakel gewesen, besetzte

Häuser erscheinen nur im Zusammenhang mit Galerien und berühmten Künstlern als Sponsoren. Das ist im Grunde ganz folgerichtig: Seit den 1980er Jahren geben alle, die Karriere machen wollen, unübersehbar über jene ihrer innersten Empfindungen Auskunft, die ihren Zuschauerinnen und Zuschauern vertraut vorkommen können – übertragbare und ansteckende Affekte, Lüste wie Ängste, oder beides gleichzeitig.

Wenn ich so starke Gefühle hatte, wieso bin ich dann nicht in der Gegenkultur als dem einzig richtigen Leben im Falschen geblieben? Weil das Begehren auf einmal weg war, das herzklopfende Aufgeregtsein und verzückte Genießen des Ausnahmezustands. Außerdem hatte ich mich neu verliebt, und meine neue Flamme fand einige meiner Jungs in Schwarz persönlich zwar sehr nett, konnte aber mit den Ritualen und wilden Posen nichts anfangen. Ich gestand mir ein, dass ich zunehmend gemischte Gefühle hatte. Die autonome Szene kam mir immer noch wie ein großes Versprechen auf Reinheit und Entschiedenheit vor; aber gleichzeitig auch pedantisch, paranoid und hypermoralisch eng.

»Überlegenheits- und Untergangsbewusstsein gehören zusammen«, hat Robert Musil 1921 notiert, lange bevor es das radikale politische Milieu der 1980er gab. Es forderte seinen Mitgliedern beträchtliche moralische Anstrengungen ab, belohnte sie aber auch: Man fühlte sich gleichzeitig als Opfer übermächtiger Verhältnisse und als die Einzigen, die wüssten, was jetzt zu tun sei, als Auserwählte des Scheiterns. Daher die spektakulären Selbstinszenierungen von moralisch aufgeladenem Verzicht und möglichst demonstrativer Verweigerung – immer im Wettbewerb mit anderen Genossinnen und

Genossen, die auch mit dem Anspruch auftraten, noch härter, konsequenter und gleichzeitig lustvoll befreiter zu sein.

Wenn Widerstand Pflicht ist, wie der Slogan lautete, wurde man mit dieser Aufgabe aber auch nie fertig. Für die radikalen Bewegten der 1980er war die Welt eine einzige unabsehbar große Baustelle und gleichzeitig das moralisch leckgeschlagene und deshalb unwiderruflich zum Sinken verurteilte Schiff. Sie konnten ihre Angstlust und ihren Appetit auf Publikum und Aufmerksamkeit auch deswegen selbst als so uneigennützig, rebellisch und rein empfinden und etikettieren, weil dieser Kampf aufs Innigste mit unerfüllbaren Aufgaben verbunden war. Sie sahen sich von heimtückischen Feinden umstellt. Und Feinde braucht man, um, ganz autonom, man selber zu sein. Je mehr Feind, desto mehr Selbstgefühl.

3. Selbstviktimisierung

»Während du dich durch diese Labyrinthe bewegst, weißt du nie, ob du ein Ziel verfolgst oder vor dir selber davon läufst, ob du der Jäger bist oder seine Beute.«

Joseph Brodsky: »Fondamenta degli Incurabili« (1991)

Widersacher sind natürlich bedrohlich; sie haben aber auch ihre Vorteile. Dass sie da sind, bestätigt die eigene gefühlte Zugehörigkeit zu einer Gruppe von Wissenden, ohne dass man über eventuelle Vorgeschichten und über die Entstehung des eigenen Standpunkts Auskunft geben müsste. Es beruhigt und bestärkt deswegen, von ihnen zu berichten. Erzählen ist Bildermachen in der Dunkelkammer der eigenen Empfindungen. Es ist entweder Entwicklerbad, dann verändert sich etwas dadurch und wird sichtbar, indem man es mitteilt, zuerst schemenhaft, dann immer deutlicher. Oder das Erzählen ist Fixierer, der große Stopp. So war es, nur so, und nichts daran soll oder darf mehr anders werden. Ich weiß es, weil ich es so empfinde, ganz stark und deutlich.

Sommer 1992. Ich war gerade in die Schweiz umgezogen, und ein ehemaliger Mitbewohner aus meiner Studienzeit kam zu Besuch, für eine Bergtour ins Tessin. Weil wir unter der Woche unterwegs waren, hatten wir abends die Selbstversorgerhütte auf 2000 Metern Höhe für uns alleine. Es gab einen

Herd mit Feuerholz und mehrere Flaschen mit lokalen Wein, für den man, wie fürs Übernachten, Geld in eine Kasse warf, auf Vertrauensbasis. Nach zwei Tellern Spaghetti und der angebrochenen Flasche am knackenden Ofen dachte ich mit sonnenverbrannter Nase, dass es besser doch gar nicht sein könne auf dieser Welt: selige, etwas beschwipste alpine Idylle.

Meinem Begleiter ging es anders. Er fing an zu erzählen, was alles anders geworden sei, seitdem er sein Studium fertig gemacht habe und den Job bei der Landeskirche angetreten. Je länger er erzählte, desto düsterer wurde er, trotz der schönen Aussicht vor unserem Fenster. Die Wiedervereinigung bedeute Helmut Kohl und die CDU für immer, davon war er überzeugt, und während die Flasche zur Neige ging, brach es immer heftiger aus ihm heraus: Die Ostler, sagte er, hätten all die hoffnungsvollen Ansätze für gesellschaftliche Veränderung unwiderruflich zerstört. »Wir«, sagte er düster, »unsere ganze Generation« sei politisch das Opfer der Wiedervereinigung.

Im Rückspiegel

Ein Opfer zu sein und verloren zu haben ist in der eigenen Einschätzung natürlich deprimierend, aber gleichzeitig auch eine Auszeichnung, und vor allem ein fast unwiderstehliches Gefühl. »Wir sind die Brüder der romantischen Verlierer«, hatte die linke Deutschrock-Gruppe Schröder Roadshow 1979 in der BRD gesungen, und die hatten das nicht ironisch gemeint, im Gegenteil. »Auf dieser kleinkarierten Welt / wo euch weiter nichts zusammenhält / als die Macht und die Moral vom großen Geld.« Beim zweiten Refrain sind sie dann »die Brüder der Rebellen und Piraten« und »selbst in der allergrößten Not / spucken wir / auf euer Gnadenbrot / und gehen stolz und lachend in den Tod«.

Das Gefühl von lachendem Stolz hat sich im krachenden Gitarrengewitter auf einer Konzertbühne Anfang der 1980er Jahre sicher gut gemacht. Es über längere Zeit aufrechtzuerhalten ist aber nicht so einfach, gerade wenn der Tod (im revolutionären Kampf?) ausgeblieben und dafür etwas anderes unübersehbar geworden ist: die seither vergangene Zeit und ihre eher unbefriedigenden Ergebnisse in Bezug auf das eigene Leben. Noch einmal zehn Jahre später, 2002: Weintrinken nach einer wissenschaftlichen Tagung. Der ältere Kollege berichtete von den bitteren Demütigungen, die er als Mitglied einer trotzkistischen Kleinpartei von Angehörigen anderer kommunistischer Gruppierungen jahrelang habe erdulden müssen, die ganzen 1970er Jahre hindurch. »Wir waren die Prügelknaben.« Auf jeder 1. Mai-Demo seien sie von den anderen (»KPD-ML, KPD-AO, KB, Spartakisten, Marxistische Gruppe, einfach alle«) mit Sprechchören empfangen worden. »Eispickel! Eispickel!« – eine böse Anspielung auf Trotzkis Ermordung im mexikanischen Exil.

Wie er sein Engagement von damals, fragte ich ihn, mit seinen heutigen engagierten Warnungen vor der drohenden islamischen Machtübernahme in Europa verbinde? Er strahlte – die Frage mochte er. Das gehöre für ihn zusammen, sagte er. »Wir haben uns nie für die Subjektivität interessiert, für die

Kleinigkeiten und den Alltag, wie deine Generation. Uns ging es immer schon um die Analyse, und um den ganz großen Überblick.«

Was aber, wenn die Analyse und der große Überblick einem das ganze Ausmaß des eigenen Scheiterns enthüllen? Zur Erinnerung: Diejenigen Ereignisse, an die sich Zeitzeugen am deutlichsten erinnern und die sie am detailreichsten beschreiben, sind gewöhnlich nachträglich aufdatiert, wie die Geschichtswissenschaft mittlerweile weiß. Mit der Vergangenheit selbst haben sie sehr viel weniger zu tun als mit deren späteren medialen Reproduktionen und den selbstverstärkenden Rückkopplungsschleifen der eigenen Erinnerung. Für meine eigenen gilt das auch. Scham, Stolz und Selbstviktimisierung gehen deshalb in persönlichen Rückblicken innige und nur schwer wieder voneinander zu trennende Verbindungen ein. Zusammen bilden sie einen Superkleber der Erinnerung, der über sich selbst nichts wissen möchte und auch nicht wissen darf, wenn man sich daran erfreuen will. Und das will man.

Deswegen wird es jetzt für ein paar Seiten so richtig historisch. Man braucht ziemlich viel Material aus der Fernvergangenheit, um die Sehnsucht nach der Nahvergangenheit zu erklären. Die eigenen Empfindungen über die Vergangenheit, die ihren Inhaberinnen und Inhabern so einzigartig und persönlich vorkommen, sind Produkte kollektiver Affekte. Und diese Gefühlsaggregate sind um einiges älter als die Erzähler, die so fest überzeugt sind, dass es damals bei ihnen so war und nicht anders.

Selbstdarstellung als leidendes Opfer von Unrecht zum

Beispiel ist ein altehrwürdiges Stilmittel. Die Inquisitoren des Dominikanerordens haben über Jahrhunderte unermüdlich auf ihren pflichtenfesten Ordensbruder Petrus von Cremona verwiesen, der bei der Verfolgung von Irrgläubigen 1252 Opfer eines Mordanschlags geworden war und bereits im Jahr darauf als Märtyrer heiliggesprochen wurde. Die klaffende Kopfwunde mit Schwert darin war sein Erkennungszeichen, in Hunderten Auftragswerken von Fra Angelico bis Giovanni Bellini und Tizian überliefert: der Inquisitor als Opfer. Die Kollegen vom Franziskanerorden bevorzugten die Nachfolge Christi; ihr Ordensgründer Franziskus hatte sich in die Passion Jesu so intensiv hineingefühlt, dass an seinem Körper gleich alle Wundmale des gefolterten Gekreuzigten erschienen waren.

Auf dem Markt für Aufmerksamkeit muss das eigene Leiden wirkungsvoll demonstriert werden, und nicht nur im religiösen, sondern auch im weltlichen Bereich. Olivier de la Marche, erfolgreicher Dichter und Chronist am Hof des Herzogs von Burgund, machte das im 15. Jahrhundert sogar zu seinem offiziellen Motto: »Tant a souffert de la Marche.« Leiden Dichter deswegen bis heute so gerne mehr als alle anderen?

Auch die Gelehrten machten davon ausgiebig Gebrauch. Eine Generation später schilderte Erasmus von Rotterdam in einem Brief mit testamentarischen Verfügungen 1524 sein ganzes Leben als eine Serie von Erniedrigungen und Demütigungen. Sein väterliches Erbe »wäre nicht ganz unbedeutend gewesen, wenn die Vormünder es gewissenhaft verwaltet hätten«. Er wird in ein Kloster gegeben, obwohl er bereits reif für die Universität gewesen wäre. Freunde verraten ihn, hochgestellte Gönner erweisen sich als unzuverlässig. »Trotz großer

Empfindsamkeit bleibt er immer ehrlich und freimütig, obwohl er vielfältig enttäuscht wurde«, schrieb Erasmus von sich in der dritten Person. »Er war selbst nie zufrieden mit dem, was er schrieb. Seine Haltung zu Luther bringt ihm unerträgliche Anfeindungen; er wird von beiden Seiten zerrissen, obwohl er nur hilfreiche Ratschläge geben wollte.«[1]

Leidend und allein gegen alle: Reden über sich selbst, hat ein amerikanischer Historiker etwas spöttisch angemerkt, sei spätestens seit Rousseau immer auch ein halböffentlicher Wettbewerb in Selbstviktimisierung. Kaum dass er die Gebärmutter verlassen habe, musste er schon sein erstes Exil erleiden, hat François-René de Chateaubriand das in seinen Memoiren formuliert – seine Mutter hatte ihn zu einer Amme in die Pflege gegeben.[2] Ich habe recht – ich kann nur recht haben –, weil ich viel intensiver gelitten habe als mein Publikum und meine Konkurrenten, und das muss vorgezeigt werden, unübersehbar demonstriert.

Opferstolz

George Orwell hat in einem Zeitungsartikel vom März 1940 das Prinzip an einem Extrembeispiel luzide dargestellt. Das Autorenporträt des Buchs zeige »ein trauriges, etwas hundeähnliches Gesicht – das Gesicht eines Mannes, der unter unerträglichen Ungerechtigkeiten leidet. Auf eine männlichere Art und Weise spiegelt es die unzähligen Bilder des gekreuzigten

Jesus, und es gibt kaum einen Zweifel, dass Hitler sich auch so sieht. (…) Er ist der Märtyrer, das Opfer.« Der sozialistische Spanienkämpfer Orwell bemerkt selbstkritisch: »Es ist eine Tatsache, dass es etwas zutiefst Ansprechendes bei ihm gibt«, und er gesteht: »Die Anziehungskraft einer solchen Pose ist natürlich enorm; die Hälfte aller Filme im Kino, die man sieht, drehen sich um dieses Motiv.«[3]

Selbstviktimisierung ist deswegen so verlockend, weil sie das eigene Selbstbild immer bestätigt – und zwar unabhängig davon, wie die reale Vorgeschichte (oder die verschiedenen Versionen dieser Vorgeschichte) und der weitere Verlauf der Ereignisse aussehen. Die Selbststilisierung des größten Österreichers aller Zeiten hat unter seinen Anhängerinnen und Anhänger zahlreiche Nachfolger gefunden. Meine Großmutter und ihre Cousine, deren Ehemänner und Brüder zwischen 1938 und 1945 hohe Ränge in den Hierarchien der NSDAP und ihrer Organisationen eingenommen hatten, fühlten sich als Opfer. Der Krieg fand in beider Erzählungen in einer anderen Zeitzone statt als in meinem Geschichtsunterricht, nämlich zwischen April 1945, der Ankunft der Roten Armee, und Oktober 1955, als die allierten Besatzungstruppen Österreich verließen. Im Haus meiner Großmutter in einer Kleinstadt unweit der österreichisch-tschechischen Grenze wurden mir als Halbwüchsigem der abgesplitterte Rand und der Sprung in einem großen Waschbecken im Badezimmer gezeigt, die einer der mehrere Jahre im Haus einquartierten russischen Offiziere hinterlassen hatte, mit einer Bitterkeit und Empörung, die seit dem Vorfall vor damals dreißig Jahren nicht kleiner geworden waren. »Das haben sie kaputtgemacht!«

Die Cousine meiner Großtante stammte aus Znojmo im heutigen Tschechien, Znaim. Von den von dort nach 1945 vertriebenen Deutschen wurde bei Familientreffen häufig und mit großer Anteilnahme gesprochen. Von dem in Abwesenheit wegen Kriegsverbrechen zum Tode verurteilten Ehemann meiner Großtante war nur die Rede als dem »lieben Onkel Karl, der so spät aus Russland heimgekommen ist«. (Er war nach seiner Rückkehr 1955 begnadigt worden.) Er war das Opfer von Ungerechtigkeiten, die so ungeheuer groß waren, dass man sie – jedenfalls ist das mein Eindruck aus meinen Erinnerungen als Zehn-, Zwölf-, Fünfzehnjähriger – den Enkeln und Großneffen gar nicht erzählen konnte.

Und das ging auch später nicht; einen Nachnamen bekam dieser Onkel in den Erzählungen bei den Familientreffen nie. Auch meine Eltern nannten ihn nicht. Dafür sprach mein Vater, Jahrgang 1923, Wehrmachtsoffizier und Träger von Orden, die er in einer Schublade mit Privaterinnerungen in seinem Büro aufbewahrte und seinen Söhnen eher verschämt zeigte, umso häufiger von der »Unschuld« der »Mitteleuropäer«, je älter er wurde und je mehr sich sein Gesundheitszustand verschlechterte. Was oder wen er genau darunter verstand, konnte (oder wollte) er auch auf Nachfrage nicht angeben. Er hatte den Krieg an der Ostfront und in Italien verbracht und war zweimal schwer verwundet worden. Über die Einschätzung des Zweiten Weltkriegs und der Rolle der Deutschen und Österreicher habe ich mich mit ihm meine ganze Pubertät hindurch endlos gestritten, und nachher auch noch, dafür war viel Zeit, er wurde dreiundachtzig. In seinem Testament verfügte er, dass bei seiner Beerdigungsfeier seine Orden und seine Steigbügel mit Sporen (er war Offizier eines Kavallerieregiments der Wehrmacht gewesen) vor seinem Sarg aufgestellt werden sollten. In einer handschriftlichen Aufzeichnung über sein Leben nannte er sich »das Opfer ungerechter Sieger«. Denn wer sich als Opfer fühlt, behält auf immer recht.

Ich hatte mich in den 1980ern insgeheim immer ein wenig darüber gewundert, dass mein strikt konservativer Vater meinen großmäuligen Abenteuerausflügen mit den Autonomen betont gelassen und eher wohlwollend gegenüberstand. Im Nachhinein finde ich es nicht mehr sehr erstaunlich. Die Stilisierung der USA als mörderisches Reich des Bösen und der Kampf gegen ein vermeintlich allmächtiges »System« im Namen der eigenen Auserwähltheit und Reinheit wird ihm wahrscheinlich bekannt vorgekommen sein – in der NS-Propaganda war der Begriff »System« die Chiffre für die Weimarer Republik.[4] Das dazugehörige Gefühlsvokabular von Überlegenheits- und Untergangsbewusstsein war ihm ebenfalls vertraut. Romantische Verlierer eben.

Opfer und Opfersein sind das, was ein amerikanischer Philosoph ein »essentially contested concept« genannt hat – ein Großbegriff, der so komplex, vieldeutig und unscharf ist, dass er zwangsläufig umstritten bleiben muss; das macht ihn besonders verlockend.[5] Im konkreten Fall der Opfer des Zweiten Weltkriegs kommt dazu noch die diskrete Verschiebung innerhalb des Begriffs selbst, auf die der Historiker Reinhard Koselleck aufmerksam gemacht hat. Opfer bedeutete bis zum Ende des Krieges etwas Positives, Aktives: Die Soldaten opferten sich für Großdeutschland, und so wurde es auch in der nationalsozialistischen Propaganda dargestellt. Nach dem Krieg blieben diese Toten Opfer, aber sie wurden zu passiven Opfern, und das ermöglichte, mit dem selben alten Großbegriff neue Geschichten zu erzählen und mit ganz unterschiedlichen Empfindungen und Haltungen zu verdrahten – auch Koselleck, habe ich später herausgefunden, war Jahrgang 1923, Kriegsfreiwilliger und Kavallerieoffizier in der Wehrmacht.

Österreich als Opfer darzustellen war nach Kriegsende auch die offizielle Position der provisorischen Regierung und wurde in dem von ihr 1946 herausgegebenen »Rot-Weiß-Rot-Buch« mit offiziellen Dokumenten untermauert. Das Denkmal am ehemaligen Gestapo-Gebäude am Wiener Morzinplatz trägt die offizielle Inschrift: »Österreich ist wiederauferstanden, und mit ihm unsere Toten, die unsterblichen Opfer«. Die Opferrolle werde so für die Österreicher beansprucht, hat Koselleck dazu bemerkt, und alle anderen Ermordeten durch den Verweis auf die österreichische Auferstehung ausgeschlossen. Am Kärntner Ulrichsberg wurde 1958 eine Gedenkstätte für die österreichischen Opfer und deutschsprachige Vertriebene errichtet, die auch Gedenktafeln für SS-Verbände enthält. Jörg Haider hat noch 1990 dort bei einer Gedenkfeier vor ehemaligen Wehrmachtssoldaten vorhergesagt, »eure Opfer werden in den nächsten Jahren ins richtige Licht gerückt werden«.[6]

Das Wort Opfer und die damit verbundenen Empfindungen lässt die Unterscheidung zwischen den Ereignissen, unter denen man in der Vergangenheit gelitten hat, und dem Status, den man in der Gegenwart selbst verkörpert, komfortabel verschwimmen. Selbstdarstellung als Opfer erzeugt extrem gedehnte emotionale Zeitzonen: Sie handeln mindestens ebenso sehr von Ereignissen in der Vergangenheit wie von Wiedergutmachung und Belohnung in der Zukunft. Der Aufstieg des österreichischen Politikers Jörg Haider in den 1980er Jahren beruhte auf seinen besonderen Fähigkeiten beim Inszenieren solcher Mischungsverhältnisse. Recht behalten hat er mit seiner Prophezeiung von 1990 ebenfalls, wie wir heute wissen – nur ziemlich anders, als er und seine Zuhörer es sich damals gedacht hatten. Nach seinem spektakulären Unfalltod 2008 (er fuhr mit 1,8 Promille und stark überhöhter Geschwindigkeit in seinem VW Phaeton direkt in den Himmel) äußerten zahlreiche seiner Anhänger ihre Überzeugung, dass er Opfer eines Mordanschlags geworden sei.[7]

Statten ehrgeizige österreichische Politiker deswegen dem Ulrichsberg bis heute gerne zwischendurch einen Besuch ab? Den eigenen Opferstatus zu beklagen erlaubt es, das eigene Leiden von früher und das aus der Zukunft jetzt schon in der Gegenwart wirksam zu machen, und zwar als Forderung nach der großen Wiedergutmachung, deren Objekt und Zielgruppe man immer selbst verkörpert. Jähzorn und Nostalgie, sagte mir ein Wiener Freund, seien eben immer miteinander verbunden und eigentlich ein einziges Gefühl. Ein sehr österreichisches, da war er sich sicher. Beide würden vom selben psychischen Mechanismus erzeugt, der Hilflosigkeit gegenüber jeder Art von Veränderung.

Leidensgemeinschaften

Ist das wirklich eine lokale Spezialität? Mein Bruder, der seit fast dreißig Jahren auf Korsika lebt, kann ausführlich von dem Opferstolz all der verbitterten Junggesellen erzählen, die in den immer leerer werdenden Dörfern zurückbleiben, während die besser ausgebildeten Frauen aufs Festland auswandern, wo es besser bezahlte Jobs gibt und weniger starre misogyne soziale Spielregeln. Auf der Insel wird ein Witz erzählt, in dem der Vater seinen Sohn vor der Heirat beiseite nimmt und ihm sagt, was er zu tun habe in der Hochzeitsnacht.

»Wenn das Fest vorbei ist und ihr in euer Zimmer hinaufgeht, dann hebst du die Braut vor der Tür hoch und trägst sie über die Schwelle. Denn der Korse ist stark.«

»Und dann?«

»Dann legst du sie auf das Bett und ziehst dich aus, und dabei lässt du das Licht an. Denn der Korse ist schön.«

»Und dann?«

»Dann, mein Sohn, holst du dir einen herunter. Denn der Korse ist autonom.«

2018: Serbien, ein Literaturfestival. Zu der abendlichen Veranstaltung über das Böse und die Dichtung müsse ich unbedingt kommen, sagt der Festivaldirektor, auch wenn sie nur auf Serbisch stattfinde, es spreche ein berühmter Intellektueller. »He is«, sagte er ohne einen Hauch Ironie, »our most important pessimist.« Serbien ist ein schönes Land mit üppiger Küche und sehr guten Weinen, und, wenn man erst einmal mit den muskulösen Männern mit markantem Profil in einer Bar ins Gespräch gekommen ist, eine Hochburg von grimmigem

Opferstolz. Geknechtet vom Osmanischen Reich, dann von den Habsburgern, dann von der NATO, umgeben von Verrätern. Verräter sind sowieso unverzichtbar. Allein gegen alle.

So viel Geschichte von der falschen Sorte, was macht man damit eigentlich? Offensichtlich gibt es so etwas wie kontraproduktive, depressive und selbstzerstörerische Autonomie: Stolz auf die eigene Besonderheit als selbstmitleidiger Trotz, wie auf Korsika. Oder ist das übliche Repertoire nationaler Selbstbeschreibung ohnehin masochistisch? Sehr viel eleganter hat das die französische Designerin Inga Sempé ausgedrückt. »Ich muss von Leuten umgeben sein«, sagte sie in einem Interview, »die sich auch den ganzen Tag über alles beklagen. Franzosen eben. Sonst fühle ich mich wirklich einsam.«[8]

Das ist das Phänomen Nationalsentimentalität. Niemand leidet so exquisit an sich selbst wie wir. Mit Blick auf meine eigene Familiengeschichte bin ich verleitet, das als NS abkürzen, aber das würde zu viele Missverständnisse produzieren. Außerdem ist es egal, wie man das Phänomen nennt. Im Klagen steckt eine eigene Art von Unersättlichkeit. Opferstolz ist der selbst spendierte psychische Hundekeks, die Belohnung, mit der man sich selber nachträglich für jede absolvierte Erniedrigung und jedes Abhängigkeitsverhältnis entschädigt. Er macht es möglich, das eigene Leiden und das Beklagen dieses Leidens zu genießen und sich in ihm zu vervielfältigen.

Selbstviktimisierung ist deswegen Gefühlskino im Wortsinn. Es muss ordentlich finster sein, damit das Opfer in seiner Aureole für die Blicke der anderen aufglühen kann. Ein narzisstischer Superkleber ist sie auch: Alle anderen, die es eigentlich nicht verdient haben, werden belohnt, nur ich nicht. Die Dokumentation der eigenen negativen Auserwähltheit – »Nur für mich ist das so schlimm!« – ist dabei gleichzeitig Energiereservoir und Rechtfertigung: »Deswegen kann ich nicht anders!« Gute Opfer verkörpern beides gleichzeitig, das Opfertier und den Altar, die Mahlzeit und den Ofen, ihre Protagonisten sind keine Verrenkungs- und Entfesselungs-, sondern Beklemmungskünstler; deswegen ihre Anziehungskraft. Es liegt beträchtliches Vergnügen darin, sich selbst zu bemitleiden und das Mitleid anderer einfordern zu können. Die Position des Opfers ist die einzige Position der Macht, die sich nicht rechtfertigen muss: der sichere Hafen fürs Immer-schon-recht-gehabt-Haben. Deswegen ist sie auch so beliebt bei Professorinnen und Professoren (ich spreche aus Erfahrung) und allen Chefinnen und Chefs bröckelnder Institutionen.

Zum Sprechen als Opfer in der ersten Person hat der antikoloniale Aktivist und Psychiater Frantz Fanon 1951 in seinem Buch »Schwarze Haut, weiße Masken« ein paar markante Sätze formuliert. »Ich habe weder das Recht noch die Pflicht, für das Unrecht an meinen Vorfahren Entschädigung zu verlangen«, schrieb er. »Ich bin nicht Sklave der Versklavung, die meine Vorfahren entmenschlicht hat.«[9] Ähnlich klang das bei dem russischen Dissidenten Joseph Brodsky, den seine Gedichte fünfzehn Jahre später zuerst in ein sowjetisches Arbeitslager und dann ins unfreiwillige Exil nach Amerika brachten. »Der Opferstatus hat seine Wonnen«, sagte er 1988 in einer Rede vor Universitätsabsolventen. Aber der Preis sei zu hoch. »Versuchen Sie um jeden Preis zu vermeiden, sich selbst den Status des Opfers zuzuschreiben.« Und: »Ganz gleich, wie scheußlich Ihre Lage sein mag, versuchen Sie nicht, irgendetwas oder irgendjemandem die Schuld daran zu geben.«[10] Er plädierte stattdessen für Verschlampen; für Eintauchen in die Langeweile, um aus ihr Energie für eigenes Neues zu gewinnen, als Versuch und Improvisation.

Ein solcher demonstrativer Verzicht auf Entschädigung und Wiedergutmachung, wie ihn Fanon in seinem ersten Buch propagierte, und die nonchalante Leichtfertigkeit, die Brodsky als Alternative zur Selbstdarstellung als Opfer vorgeschlagen hat, wirken am Beginn des 21. Jahrhunderts mindestens rechtfertigungsbedürftig, wenn nicht etwas skandalös. Sie sind aber das genaue Gegenprogramm zu allen affektiven Regimes und kollektiven Gefühlen, die unermüdlich das Schwere, die Schuld und vor allem die ewige Dauer aller Abmachungen und Bindungen betonen, im Namen der Solidarität, der Liebe und des zukünftigen Triumphs über die Unterdrücker.

Gefühlsgemeinschaften und affektive Ansteckungen beruhen auf der Kombination von Pflichten und Erlaubnissen, Unterwerfung und Vergnügen, die sie ihren Mitgliedern ermöglichen. Sie sind so verlockend, weil sie durch ihre feste Fixierung auf das erlittene Unrecht von früher zukünftige Ordnung und Dauerhaftigkeit versprechen. Das eigene Empfinden wird jetzt – und zwar *subito* – zur Zuflucht. Was jetzt gilt, gilt für immer. Retropien schaffen damit unabsehbar weit in die Vergangenheit und die Zukunft ausgedehnte Sicherheitszonen, Nationalparks des Gefühls.

Wer von sich selbst behauptet, weiterhin von Ungerechtigkeiten in der Vergangenheit direkt betroffen zu sein, verwandelt sich gleichzeitig in eine Verkörperung der Opfer und der Wiedergutmachung ihrer Leiden in der Zukunft – einer Erlösung, für die man selbst nichts tun muss außer auf der eigenen Selbstdarstellung zu beharren. Die Person schließt damit aus, dass sie sich irren und falschliegen könnte. Wer sich selbst zum Opfer erklärt, darf außerdem für immer misstrauisch sein, unter Verweis auf das Unrecht von früher und das eigene fortgesetzte Leiden daran. Die Opfer tragen beides mit Stolz: Der Verlust erlaubt ihnen, sich selbst als etwas Besonderes zu erkennen.

Nur sind kollektive Einschätzungen von Vorgängen aus der Vergangenheit leider instabil. Gewöhnlich sind diese Beurteilungen nachträglichen Veränderungen unterworfen. Sie können drastisch ausfallen, und Frantz Fanon und die algerische nationale Befreiungsfront, für die er als Sprecher tätig war, liefern dafür durchaus furchteinflößende Beispiele. In den Konflikten zwischen den verschiedenen Flügeln der FLN im Bürgerkrieg nach 1954 schlug sich Fanon immer auf die Seite derjenigen Fraktion, die für das härtere und kompromisslosere Vorgehen eintrat. Die Ermordung seines Förderers und Beschützers Ramdane durch interne Rivalen deckte er.[11]

Ich möchte mir deswegen lieber nicht mehr das Leiden anderer Leute in der Vergangenheit als Totem und Selbstauszeichnung umhängen – auch nicht die der Marginalisierten und Unterdrückten in der Vergangenheit, der Verfolgten des Faschismus, der Versklavten und Umgebrachten, wie ich es in den 1980er Jahren ganz selbstverständlich und ziemlich großmäulig empfunden und verkündet habe. Nicht nur hat sich die

Vergangenheit von damals nicht als sichere Zuflucht erwiesen. Auch was die Zukunft als ganze anging, lag ich immer daneben, und erst recht in Bezug auf meine eigenen künftigen Empfindungen, Überzeugungen und Zugehörigkeiten.

4. Kostümfilme

»Il mondo è illuminato solo a metà.«

Lorenzo Jovanotti Cherubini: »Rifalla Girare« (2005)

Alle starken Affekte von Gemeinschaftszugehörigkeit durch gemeinsames Gefühl, von denen bisher die Rede war, beruhen auf Zeitmanagement, dem Beschwören extrem bedrohlicher Aussichten, gegen die nur die Rückkehr zu Werten und Riten aus einer vertrauten Vergangenheit helfe. So verschieden die unterschiedlichen affektiven Regimes ausfallen, gemeinsam ist ihnen die Kombination von Selbstviktimisierung und Auserwähltheitsgefühl. Nachträgliche Korrekturen werden aus dieser Sicht nicht nur unmöglich, sondern auch unerklärlich.

Irren, Verzeihen und Verschlampen sind sozusagen die Löcher im gemeinsamen Empfinden. Blöderweise sind sie allgegenwärtig. Das Bedrohlichste liegt offenbar in der Ambivalenz; in der Unentschlossenheit, Unbestimmtheit und Unkontrollierbarkeit. Provozieren Unbekümmertheit und Leichtfertigkeit deswegen so zuverlässig die Wut der Leute, die sie nicht haben – und sie, wenn wir ihnen glauben dürfen, auch gar nicht haben wollen? Wenn das Leiden an den schweren und unerfüllbar großen Aufgaben jener Wunsch ist, den sie sich selbst erfüllt haben, genießen sie ihn dann auch?

Schwarze Masken, weiße Masken

Jedenfalls waren die Autonomen viel mehr Pop, als sie selber meinten. Und Pop ist Pop, weil er unkaputtbar ist. Seine Elemente können endlos rezykliert, neu adaptiert und als Affektmaschine wieder in Betrieb genommen werden, auch Jahrzehnte später.

Hamburg, Juli 2017: Die Proteste gegen das Gipfeltreffen der Staatschefs der G20-Staaten und die Bilder und die Berichterstattung darüber sahen in vielen Details ihren Vorbildern und Vorläufern zum Verwechseln ähnlich, fast genau dreißig Jahre nach den großen Demonstrationen zur Verteidigung besetzter Häuser. Die Kleiderordnung der militanten Demonstranten, einheitlich schwarz mit schwarzen Masken und Helmen, war unverändert, ebenso wie die schwarz-roten Fahnen und ein Teil ihrer Slogans.

Ebenso vertraut klangen die Warnungen des verantwortlichen Innensenators vor »Terrorgefahr« in den Wochen davor. Mit martialischer Rhetorik versprach er, »an Polizeiequipment wird alles zu sehen sein, was es so gibt«. Die späteren Klagen über exzessive Polizeigewalt und die Behinderung journalistischer Berichterstattung klangen ebenfalls wie dreißig Jahre früher, ebenso die dramatischen Slogans der Demonstrationsaufrufe – »G20: Welcome To Hell«.

Bei den Protestkundgebungen vor dem ehemals besetzten Kulturzentrum aus den 1980ern trat eine Punkband auf, und traditionelle Motive zeigen auch die Fotos der detaillierten Wikipedia-Seite zum Protest: Vermummte mit Hasskappen, brennende Straßensperren, abgefackelte Autos, Wasserwerfer-

und Tränengaseinsätze, viele hundert Verletzte und zahlreiche Strafverfahren. Auch die extra eingerichtete polizeiliche Sonderkommission trug einen traditionellen Namen: »Schwarzer Block«. Sie richtete ein Hinweisportal ein, auf dem Bild- und Videoaufnahmen von Gewalttätern von Privatpersonen hochgeladen werden konnten, um die Strafverfolgung zu unterstützen und Vermummte zu identifizieren. Einige von ihnen, stellte sich später heraus, waren Polizeibeamte im Dienst.

Befremdend muten dagegen im Nachhinein die Presseberichte mit Warnungen vor »militanten Putin-Gegnern« an – der Hamburger Gipfel im Juli 2017 war die erste offizielle Begegnung zwischen dem damals neu gewählten Donald Trump und dem russischen Präsidenten.[1] Putin hatte zwar drei Jahre zuvor die Ukraine angegriffen und Teile ihres Territoriums annektiert, wurde aber in Hamburg als hochrespektabler Staatsgast empfangen. Die wirkliche Gefahr ging für die Behörden und die Medien von den schwarzen Masken der Demonstrationsteilnehmer aus, wie schon dreißig Jahre früher in Hamburg. Diese Masken seien die größte Bedrohung der öffentlichen Sicherheit, verkündete der Innensenator, ihr Tragen müsse um jeden Preis unterbunden werden. Das Auftauchen mehrerer Vermummter löste dann auch einen gewalttätigen Polizeieinsatz gegen eine ansonsten friedliche Demonstration aus.[2]

Die Maske, schrieb der Designer Kenya Hara ein Jahr später, 2018, hebe jedes noch so kleine Gefühl von Vertrautheit auf. Aus irgendeinem Grund trügen in Japan heutzutage immer mehr Menschen weiße Masken. Ihre zunehmende Präsenz führe zu einer gewissen Anspannung im Alltag, und er fühle sich dabei unwohl. Dass ein Arzt bei einer Operation eine Maske trage, sei völlig verständlich. Wenn dagegen das Personal an den Ankunfts- und Abflugschaltern in Flughäfen oder in Lebensmittelgeschäften Masken trage, komme ihm das bedrohlich vor.[3]

Mit der Corona-Pandemie haben die Masken, die Hara beschreibt, nichts zu tun. Sein Buch erschien auf Japanisch ein Jahr vor den ersten Nachrichten über das neue Virus. Für Hara ist das Tragen einer Maske – weiß – ein Signal an das Gegenüber, und es heißt: Du bist potenziell kontaminiert, und ich möchte dich und deine Keime auf Abstand halten. Oder anders herum: Ich bin sauber und diszipliniert und deswegen nicht schuld an deiner möglichen Infektion.

Die Fortsetzung der Geschichte von den Masken ist bekannt. Im März 2020 führten binnen weniger Tage alle europäischen Länder Ausgangssperren und weitgehende Grenzschließungen zur Bekämpfung der neuen Viruskrankheit ein. Im April 2020 folgten zunehmend strikte Verordnungen zum Tragen von Schutzmasken in Innenräumen, öffentlichen Verkehrsmitteln und teilweise auch auf der Straße, die je nach Land und Region unterschiedlich strikt weitergeführt wurden. Die Masken mussten vorgeschriebenen Formaten entsprechen und Mund und Nase vollständig bedecken. In den ersten eineinhalb Jahren des Ausnahmezustands waren auch selbstgefertigte Stoffmasken weit verbreitet, in allen möglichen Farben, inklusive Schwarz. Sie wurden dann in offiziellen Verordnungen durch medizinische Masken und FFP2-Masken mit Partikelfilter ersetzt, die meisten davon in Weiß und Hellblau.

Insgesamt war die Vermummung fast drei Jahre Teil des Alltags: In deutschen Zügen und in der Wiener U-Bahn waren diese Masken noch bis Februar 2023 Pflicht. Im während der Corona-Pandemie strikt abgeschotteten Japan war das Tragen einer Schutzmaske übrigens nie obligatorisch gewesen, sondern immer nur offizielle Empfehlung. Sie wurde im März 2023 aufgehoben.

Zeitreise

28. Dezember 2020, Zürich. Vor dem Supermarkt auf der Limmatbrücke stand ein dünner Mann in Trainingshosen, die Augen weit aufgerissen, und fing plötzlich an zu schreien, auf Italienisch: »Vi sarete tutti morti«, immer wieder. Die Passanten wichen ihm höflich aus – er trug keine Maske – und gingen weiter. Der schreiende Mann hatte ja recht, wir werden alle sterben. Aber weil das vermutlich nicht gleich jetzt geschehen würde, waren die Leute auf der Straße erst einmal damit beschäftigt, ihre Nachweihnachtseinkäufe nach Hause zu bringen.

Was für eine Geschichte wollte er erzählen? Er hatte Ausdauer, er hörte nicht auf. »È finito«, schrie er, es sei zu Ende, »siamo tutti finiti«, wir seien alle erledigt, und dann sagte er noch etwas, nur noch halblaut: »Sta facendo sempre più tardi« – es werde immer später. Dann ging er davon in den grauen Winternachmittag. In großen Städten werden in den

Ferien die Verrückten sichtbarer, als sie es sonst sind, aber der Mann in Trainingshosen ging mir noch tagelang im Kopf herum. Er erinnerte mich an irgendetwas, aber ich wusste nicht, woran. Mit der Schweiz oder mit Weihnachten hatte es nichts zu tun, es war eher eine Stimmung, etwas Atmosphärisches. Ein Gefühl?

Der anscheinend Verrückte, der als Einziger vom Ausmaß des zukünftigen Desasters weiß, kommt in einem ganz wörtlichen Sinn aus der Vergangenheit, nämlich der Geschichte der Unterhaltungsindustrie. 1895 brachte H. G. Wells seinen ersten Science-Fiction-Roman heraus, »Die Zeitmaschine«. Im selben Jahr 1895 fanden in Berlin und Paris dic ersten kommerziellen Vorführungen einer Technik statt, mit der man, wie in H. G. Wells' Roman, in die Vergangenheit und in die Zukunft gleichzeitig reisen konnte – es war der Film.

Drei Jahre später publizierte derselbe Autor »Der Krieg der Welten«. Auch dieser Roman spielt in der nahen Zukunft, und in ihr wird England von den Bewohnern des Planeten Mars angegriffen. Sie schlagen die britische Armee vernichtend, bis sie selbst dann ganz anderen irdischen Widersachern unterliegen – den allerkleinsten, mit bloßem Auge unsichtbaren Mikroben. »Mit Millionen von Toten«, lässt H. G. Wells seinen Erzähler am Ende mit einigem Pathos erklären, »hat der Mensch sich das Erstgeburtsrecht auf der Erde erkauft.« Sechs Jahre zuvor, 1892, waren binnen weniger Wochen fast 9000 Menschen in Hamburg an der Cholera gestorben; zeitgenössische Schätzungen nannten weit höhere Zahlen. Das wird den Schluss des Zukunftsromans für zeitgenössische Leser noch ein bisschen plausibler gemacht haben.[4]

Das britische Empire, für dessen gebildete Leser H. G. Wells schrieb, war damals auf dem Höhepunkt seiner globalen ökonomischen und militärischen Macht. Während seine Soldaten in weit entfernte ärmere Länder einmarschierten, dort Regenten absetzten, ihre Kulturschätze plünderten und in die Museen des Mutterlands abtransportierten, zum Beispiel in Mandalay 1885, in Benin 1897 und in Lhasa 1904, erfreute sich das breite Publikum an Zukunfts- und Spionageromanen wie »The Surprise of the Channel Tunnel« von 1883. Auch in ihnen ging es um Invasionen, ausgesprochen düsteren Szenarios, nur andersherum, mit England als Opfer: Zehntausende französische Soldaten verkleiden sich als Pastetenbäcker, Kellner und Köche und übernehmen die Macht in London, während gleichzeitig ein französischer Einmarsch durch den neu eröffneten Kanaltunnel erfolgt. 1906 publizierte William Le Queux »The Invasion of 1910«. Bei ihm sind es deutsche Bäcker, Kellner und Angestellte, die nach einem Putsch England unterjochen.[5]

Beide Bücher waren sehr erfolgreich. Fürchten sich Imperien am liebsten vor ihrem eigenen Spiegelbild? Der Literaturwissenschaftler Stephen Arata hat die obsessive Wiederholung dieser Motive in der populären Literatur der Jahrhundertwende bei so unterschiedlichen Autoren wie Rudyard Kipling, Oscar Wilde und Bram Stoker »fictions of loss« genannt. Der sozialistische Publizist und Arzt Max Nordau prägte in den 1880er und 1890er Jahren in seinen Bestsellern vom Zerfall der eigenen Kultur dafür einen eigenen Begriff: Entartung.[6] Die rücksichtslose und brutale Ausbeutung der überseeischen Kolonien und ihrer Ressourcen zwischen 1880 und 1910 war begleitet von gemischten Gefühlen im europäischen Mutterland selbst. Aber nicht von schlechtem Gewissen, sondern von der Angst vor innerem Zerfall, Immigration, Degeneration und dem unwiderruflichen Verlust der eigenen Kultur.

Zeitreisen in die Zukunft unterhalten auch im 20. Jahrhundert zu Katastrophen ein inniges Verhältnis. Experten aus Medizin und Politik hatten seit Mitte der 1970er Jahre begonnen, sich auf Virusinfektionen mit unabsehbaren Folgen vorzubereiten – »Warten auf die Pandemie« hat der Wissenschaftshistoriker Carlo Caduff das genannt.[7]

Ihre Kollegen aus der Unterhaltungsbranche waren ungeduldiger. Die plötzliche Auslöschung der uns vertrauten Zivilisation durch eine tödliche Krankheit wurde im letzten Viertel des 20. Jahrhunderts in einer Fülle von Erzählungen immer wieder neu variiert, von *Der Untergang der Stadt Passau* von Carl Amery 1975 bis zu Terry Gilliams Film *12 Monkeys* zwanzig Jahre später, mit Bruce Willis in der Hauptrolle. Aus diesem Film stammt auch der verzweifelt herumschreiende Obdachlose, der mir im Dezember 2020 in Zürich so eigenartig bekannt vorkam. Inmitten all der Nichtsahnenden weiß der Held als Einziger, was eigentlich los ist, weil er aus der Zukunft kommt. Aber keiner hört ihm zu.

Affektverstärker

Anfang April 2020: leere Straßen, trotz des strahlend schönen Wetters. Auf dem Balkon im Hinterhaus zwei Gärten weiter hing das Monster. Verkürzte Arme, übergroße Kapuze, die den Kopf verdeckt, plumpe Form mit hängenden Schultern – eine Kreuzung aus Mönchskutte, Tierhaut und Sackkleid, durch das Schweinchenrosa noch unheimlicher. Erst als ich die Brille aufsetzte, entpuppte es sich als über das Balkongeländer geworfenes zerknülltes Badetuch. Das Monster – der Schrecken – muss überdimensioniert und unbestimmbar sein, aber vertraute Formen aufrufen, am besten mehrere gleichzeitig, ohne dass es mit einer von ihnen ganz deckungsgleich wird. Damit man sich richtig gut vor etwas fürchten kann, muss es gleichzeitig an- und abwesend sein, als Schatten in der Tür, aber noch nicht eingetreten. Die Auslöser der Angst müssen proteisch sein, Gestaltwandler.

Dummerweise widerspricht das dem Grundsatz narrativer Plausibilität. Wir können uns nur vor Dingen fürchten, die wir schon kennen. Angsteinflößende Ungeheuer sind eben nicht unvorstellbar und schon gar nicht gestaltlos, wie das »Un« in Ungeheuer suggeriert. Sie müssen Formen und Erzählmuster haben, die dem Publikum bereits vertraut sind. Wenn mir etwas sofort sehr große Angst einjagt, kann es nur aus der Vergangenheit kommen.

Immer noch April 2020: Der Schweizer Bundesrat hatte bereits den Ausnahmezustand und drastische Einschränkungen des öffentlichen Lebens verfügt. Ich kam an einem Karussell neben einem Ausflugsrestaurant in der Nähe meiner Wohnung vorbei. Zwei Kinder saßen darauf, daneben ihr Großvater. Er drehte das Karussell und schnitt jedes Mal, wenn seine Enkelin an ihm vorbeikam, knurrend eine Grimasse, griff nach ihr und versuchte, sie zu fangen, aber jedes Mal entkam sie. Der kleine Bruder auf dem anderen Karussellsitz sah stumm zu, wie seine Schwester bei der Annäherung an das Großvater-Ungeheuer gespielte Schreckensschreie ausstieß und nachher triumphierende Juchzer. Sie konnte gar nicht genug von dem Spiel bekommen unter den blühenden Bäumen, der Großvater drehte fleißig das Karussell und knurrte, grimassierte und fuchtelte, und die Angst- und die Triumphschreie verschmolzen ununterscheidbar miteinander.

Angst, Lust und Wiederholung: Auf diesem Karussell saß ich nun, gemeinsam mit anderen Medienkonsumenten. Medien liefern mir das, wovor ich mich am liebsten fürchte. Deswegen all die Superschurken, Serienkiller und bedrohlichen Zukunftsvorhersagen, mit denen der jeweilige Nachrichtenkanal seine eigene Wichtigkeit bestätigt. Das funktioniert nur, wenn ich all die früheren eindringlichen Szenarien – AIDS, Killerbienen, alte Neonazis, Vogelgrippe, Waldsterben – vergesse, um mich ausreichend auf neue Bedrohungen – den *super bug*, Zika- und Dengue-Fieber, neue Neonazis und den Klimawandel – zu konzentrieren. Diese Erlaubnis zum Vergessen scheint Teil der Anziehungskraft von extremen Angstzuständen zu sein. Man bleibt buchstäblich für immer jung, frisch und unschuldig, wenn man sich nur genug fürchtet.

Ein Freund hat mir die Geschichte seines Großvaters erzählt, der als Mitglied der griechischen Kommunistischen Partei nach dem Bürgerkrieg 1946/48 zuerst ins Gefängnis und dann auf die schwarzen Listen kam; seine Kinder durften nie studieren. Er bekam in den 1980ern eine Augenkrankheit, weigerte sich aber, sich operieren zu lassen. Er hatte Angst vor den griechischen Krankenhäusern und glaubte nur seinem Arzt in Moskau, den er regelmäßig per Telefon konsultierte und der ihm Tropfen schickte. Alle anderen Behandlungen lehnte er ab. Je mehr sich seine Sehkraft verschlechterte, desto eigensinniger beharrte der unbeugsame Patriarch auf diesen Tropfen als seiner einzigen Rettung. Am Ende war er blind, der Moskauer Arzt ging nicht mehr ans Telefon, die Tropfen waren aufgebraucht, und seine verzweifelten Kinder, längst selbst Eltern, füllten sie heimlich mit Wasser nach; denn der starrsinnige blinde Mann beharrte darauf, diese Tropfen mehrfach täglich zu festen Uhrzeiten zu nehmen. Weil er seine Uhr nicht mehr sehen konnte, fragte er ständig in großer Angst, wie spät es denn sei, damit er sie rechtzeitig nehmen könne, die Tropfen.

Angst bestätigt sich selbst. Deshalb bin ich auch ein bisschen dieser griechische Großvater. Die *confirmation bias*, der Bestätigungsfehler, ist ein sehr robustes Phänomen: Ich nehme das verstärkt wahr, was meine schon bestehenden Auffassungen bekräftigt. Und natürlich glaube ich, dass die Mehrheit der anderen um mich meine feste Überzeugung teilt. Die Psychologie hat dieses Phänomen als Konsensillusion ausführlich erforscht und beschrieben.[8]

Auch den selbsterfüllenden Angstwunsch kenne ich von mir selbst sehr gut: Mit der eigenen Verteidigung genau die Situation erzeugen, deren Eintreten ich vorher die ganze Zeit schon insgeheim befürchtet hatte. Das Desaster ist dann gleichzeitig sowohl Katastrophe als auch Triumph und heimliches Rechtbehalten. »Ich hatte es geahnt.« Und die anderen sind schuld. Ängste werden von ihren Besitzerinnen und Besitzern als Belastungen und Hindernisse dargestellt und dementsprechend laut und mitleidheischend beklagt. In der Praxis sind sie aber effiziente Waffen, gleichzeitig Treibstoff und undurchdringliche Panzerung.

Auch das konnte ich im radikalen politischen Milieu der 1980er Jahre ausführlich studieren. Die Abschaffung aller sozialen Hierarchien als hohes Ziel war im Alltag mit unübersehbaren privaten Hackordnungen und Demütigungen Unterlegener ohne weiteres vereinbar. Der entschiedene Kampf gegen Faschismus und Staatsgewalt war Erlaubnis für eigene gewalttätige Übergriffe und das Abstrafen von Abweichlern und angeblichen Verrätern. Je intensiver die eigenen persönlichen Ängste sind, desto schneller lassen sie sich in Aufgaben und Pflichten anderer Leute verwandeln.

Angst als emotionaler Ausnahmezustand schafft schließlich sehr effizient all das ab, wovor man früher Angst gehabt hat. Das kann gar nicht so schrecklich gewesen sein wie die Bedrohung von jetzt. So werde ich auch meine leicht übertriebenen hysterischen Zustände von gestern wieder los – ein sehr angenehmer Nebeneffekt. Dafür kann ich Erzählungen von vorgestern jetzt wieder aktivieren.

Dieses affektive Regime – hier passt das Wort genau, es ist eine Herrschaftsform – funktioniert als Wiederholung des unheimlich Vertrauten, als Kreisen in einer stationären Umlaufbahn. Angst beschäftigt sich am liebsten mit sich selbst. Die Welt wird deswegen zwar bedrohlich, aber gleichzeitig angenehm übersichtlich, wenn man sehr viel Angst hat. Diese Entlastung ist aber nur um den Preis zu haben, dass man die Existenz jeder Form von Lust am Angsthaben kategorisch bestreitet.

Trachtenvereine

27. April 2020: Die Kontrolle für die Einreise von der Schweiz nach Deutschland war im Durchgang unter den Bahnsteigen im Basler Badischen Bahnhof aufgebaut, genau dort, wo sie von 1933 bis 1945 auch war, eine Schleuse zwischen mobilen Absperrgittern. Davor freundliche, aber resolute Bundesgrenzschutzbeamte in Schwarz, einer mit kugelsicherer Weste. »Wozu reisen Sie denn nach Deutschland?« Für die Recherche in einem privaten Nachlass, sagte ich, ich sei Historiker. Ich zeigte mein Einladungsschreiben. Er las es. »Tut mir leid«, sagte er dann. »Ist nicht möglich. Geschichte ist kein systemrelevanter Bereich.«

Sicher? Die dramatischen Gesten der radikalen Auserwähltheit und des theatralischen Widerstands jedenfalls, die ich von Demonstrationen gegen Atomkraftwerke, Flughafenausbau und Räumungen besetzter Häuser aus den 1980ern kannte, standen 2020 und 2021 all jenen zur Verfügung, die ihr Nichteinverstandensein mit den Maßnahmen gegen die neue Krankheit zeigen wollten – nicht nur, aber vor allem gegen die Maskenpflicht, im Namen der Freiheit und des Rechts auf Widerstand gegen eine »Gesundheitsdiktatur«. Sie machten 2020 und 2021 monatelang Schlagzeilen, mit illegalen Demonstrationen von Tausenden und Zehntausenden Menschen und Zusammenstößen mit der Polizei in allen deutschen Großstädten, am spektakulärsten im August 2020 bei einem Versuch, den Berliner Reichstag zu stürmen.[9]

Die Berichterstattung über die deutschen und österreichischen Demonstrationen gegen Masken- und Zertifikatspflicht hatte ich nur am Rande verfolgt. Als ich im September 2021 zufällig in Winterthur auf eine Kundgebung gegen die schweizerischen Corona-Maßnahmen geriet, kam ich aus dem Staunen nicht heraus. Jungs in schwarzen Lederjacken gab es, aber in meinem Alter, also um die sechzig. Sie standen eher auf Heavy Metal, ihren Accessoires nach zu schließen, versammelten sich aber einträchtig mit blumengeschmückten Öko-Bewegten in bunten Latzhosen und Konservativen in Tracht, die sich und ihre Kinder mit Armbrüsten ausgerüstet hatten, um sich gegen fremde Vögte zu wehren. Auf mitgebrachten tragbaren Lautsprechern lief Jimmy Cliff: »Get up, stand up for your rights.« Ein paar Schritte weiter junge Männer mit weißen T-Shirts, Schnürstiefeln, kahlrasierten Köpfen und einem Transparent: »Unser Blut ist rein«. Daneben wurde getrommelt, und ein älteres Ehepaar hielt ein anderes Transparent hoch. Den Text kannte ich: »Wo Recht zum Unrecht wird, wird Widerstand zur Pflicht.« Sie sahen aus, als seien sie in den 1980ern auch schon dabei gewesen.

In den Wochen danach hatten maskierte Demonstranten gegen die Corona-Politik der Schweiz an den Absperrungen vor dem Berner Bundeshaus Szenen aufgeführt, deren Fotos und Videos mir ebenfalls sehr bekannt vorkamen: steinewerfende Einzelkämpfer vor dem Zaun gegen Wasserwerfer und Tränengas der Bereitschaftspolizei. Mit Masken – aber eben nicht die medizinischen Masken, die weiterhin empfohlen und in vielen Nachbarländern Pflicht waren, sondern jenen schwarzen Motorradmasken aus Stoff, die in den 1980ern als Hasskappen eine spektakuläre Karriere als medienwirksames Erkennungszeichen erlebt hatten.

Aufgenommen war das auf den Bildern aus leichter Untersicht, so erschienen Mann, Zaun und Wasserwerfer monumentaler, vor dramatischen Rauch- oder Tränengaswolken. Es sah aus wie die Aufnahmen von Demonstrationen aus den 1980ern. Vielleicht ist das aber auch einfach die marktgängigste Bildformel für gewalttätigen Protest, so gut bekannt aus dem letzten Drittel des 20. Jahrhunderts, dass sie automatisch die meiste Aufmerksamkeit und maximal viele Klicks erzeugt.

Da war sie wieder, die Angst. Weil die Demonstranten Angst hatten vor staatlicher Willkür und immer weitergehenden Zwangsmaßnahmen, traten sie als zu allem berechtigte, moralisch überlegene und deswegen bedrohte Minderheit auf. In den Interviews, die Carolin Amlinger und Oliver Nachtwey für ihr Buch »Gekränkte Freiheit« mit Teilnehmerinnen und Teilnehmern dieser Proteste geführt haben, sehen die sich als Opfer und als Kämpferinnen und Kämpfer für Freiheit, Selbstbestimmung, intakte Natur und »Friede, Freiheit, Liebe«.[10] Die Ausgangssperren, Quarantänebestimmungen und geschlossenen Grenzen der Jahre 2020 und 2021 ließen auch die düsteren und panisch-entschlossenen Gefühlsgemeinschaften der 1980er Jahre wiederkehren. Wie Trachtenvereine und Volkstanzgruppen traten sie als ihre eigenen Gefühlsgeneratoren auf.

Damit eine Fiktion funktioniere, hat der Schriftsteller und Filmregisseur Emmanuel Carrère 2018 in einem Interview gesagt, müsse sie sich an gewisse Regeln halten. Die Wirklichkeit nicht. Wirklich ist das, was sich den eigenen Ängsten und Wünschen nicht fügt; was nicht passt und was nicht wiederholt werden kann – im Gegensatz zu Filmen, Romanen und medial vervielfältigten, sehr plausiblen Bedrohungsszenarien. Wer intensive kollektive Gefühle nicht teilt, wird von den Mitgliedern dieser Gefühlsgemeinschaften bestenfalls als Unwissender wahrgenommen, aber eigentlich als Unbelehrbarer, als Gefährder und Sünder.

Damit wären wir wieder beim schreienden Mann in Zürich angekommen. »Vi sarete tutti morti!« Ich erinnere mich so lebhaft an ihn, weil er die Ausnahme war. Die allermeisten Leute in meinem unmittelbaren Umkreis – meine Nachbarn, die Kolleginnen und Kollegen im Büro, die Bäckerin, der Postbote und die Schaffner in den Zügen – hatten in den Jahren 2020 und 2021 vermutlich auch Angst, aber sie machten sie nicht zum Thema. In den Schüben der immer weiter verlängerten Ausnahmezustände gingen sie geduldig und freundlich mit den teilweise widersprüchlichen Vorschriften rund um die neue Krankheit um, gelassen und manchmal sehr witzig; auf jeden Fall umsichtiger als die Laubbläser der Aufregung in den Medien. Die mussten im monatelangen Stillstand ihre eigenen Dienstleistungen verkaufen und Klicks erzeugen. Deswegen wetteiferten sie in sehr düsteren Prognosen – einerseits über das Virus und seine zukünftigen Mutationen; andererseits über die Maßnahmengegner, ihre Unbelehrbarkeit und zunehmende Radikalisierung.

Nichts geht über »immer schlimmer«. Ein gutes Indiz für moralische Panik ist die nachträgliche Weigerung der Beteiligten, sich an die eindringlichen Warnungen, Prophezeiungen und Schreckensszenarien zu erinnern, von denen sie damals fest überzeugt waren und die sie selbst verbreitet haben. Affekte sind Alleskönner: Sie lassen den von ihnen Angesteckten die erstaunlichsten Verhaltensweisen plausibel erscheinen. Zehntausende selbsterklärte Verteidiger konservativer Werte schluckten im Jahr 2021 in Amerika, Deutschland und der Schweiz wochenlang freiwillig Pferde-Entwurmer als Schutz gegen das Virus anstatt sich impfen zu lassen – es klingt, als hätte sich Thomas Pynchon das ausgedacht, oder Terry Gilliam (er war früher bei den Monty Pythons). Was die wütenden Entrüsteten vor allem anderen forderten, war die sofortige gemeinsame Rückkehr in die gute alte Zeit. Die lag jetzt nämlich im Januar 2020, vor den Abwehrmaßnahmen gegen das neue Virus.

Die wütend herausgeschrienen Überzeugungen und Gefühle der militanten Demonstranten der 1980er Jahre heute wirken heute ziemlich absurd. Aber wie diejenigen der Impfgegner und Verschwörungstheoretiker der Covid-Jahre 2020 und 2021 zeigen sie, zu welchen großen Anstrengungen Einzelpersonen wie Kollektive fähig sind, um ihre jeweils schlimmsten Befürchtungen selbst Wirklichkeit werden zu lassen. Der italienische Literaturwissenschaftler Franco Moretti hat über die ambivalenten Heldenfiguren des Western und der US-amerikanischen Männerliteratur einen bemerkenswerten Satz geschrieben, den man ohne weiteres auch auf zahlreiche andere Autoren anwenden kann, und für die Autonomen und Impfgegner gilt er auch. »Wie es bei der Genesung oft der Fall ist«, schreibt er, »wird die Enge des eigenen Horizonts nicht als Einschränkung empfunden, sondern als Quelle der Geborgenheit.«[11]

Das ist das große Versprechen aller dieser Affekte, von Angstlust und Opferstolz bis zur Schuld der anderen: Alles bleibt so, wie ich es mir gewünscht habe, ab jetzt für immer. In gewisser Weise haben wir also einen kollektiven Aufenthalt in einem alten Science-Fiction-Film hinter uns. Zwischendurch fühlte es sich wirklich so an, als sei man im Kino von vor vierzig Jahren eingesperrt, nur diesmal mit Maske.

5. Die anderen sind schuld

»Wir Sandkastenkrieger, Cineasten, Lügner
Erstsemester, Sammler, wir Verräter«
David Wagner: »Wir Was-weiß-ich« (2013)

Wieso waren die Slogans der Impfskeptiker und Maßnahmengegner der Jahre 2020 und 2021 denen der deutschen Protestbewegungen dreieinhalb oder vier Jahrzehnte zuvor so ähnlich? Wie in einem Zerrspiegel fänden sich darin Zitate aus früheren Bewegungen, schreiben Amlinger und Nachtwey in ihrem Buch über die »Gekränkte Freiheit«. Ihre Destruktivität und die aggressive Demonstration der eigenen Unabhängigkeit sei aber typisch für die »spätmoderne Individualisierung«, gleichzeitig Symptom wie Protest gegen sie.[1]

Dann sind wir aber schon länger spätmodern, denn in der affektiven Rhetorik der gemeinsamen politischen Anstrengung sind die 1980er Jahre nie zu Ende gegangen, zumindest nicht in Deutschland. Solche Aufrufe folgen seither einer spezifischen Dramaturgie, egal, ob es wie damals um das Waldsterben und um den Atomkrieg geht oder heute um angeblich bedrohliche Einwanderung, Klimawandel, vermeintliche Zensur durch Minderheiten oder die Maskenpflicht. Sie beruht auf dem Einsatz einer verdoppelten ersten Person im Singular und im Plural.

Wer vor einem Mikrophon oder von einer Kanzel herab »ich« sagt, redet natürlich von sich selber; aber gleichzeitig von seiner eigenen Macht, so emotional und persönlich werden zu dürfen, im Namen jenes Kollektivs, dem alle Zuhörerinnen und Zuhörer ebenfalls angehören sollen. Wie verschmilzt man den eigenen Gefühlszustand mit denen der Zuhörerinnen und Zuhörer zu einem Affekt, einer gemeinsamen Empfindung, die alle bereits kennen und zu ihrer eigenen machen sollen, obwohl sie ihnen gerade erst verkündet worden ist? Ansteckende politische Gefühle herzustellen klingt sehr erhaben und soll es auch sein, schließlich geht es dabei immer ums Ganze, um alles, um alle. Noch genauer: uns alle. Als Gebrauchsanweisung ist es aber gar nicht so kompliziert: hier eine Bauanleitung.

Reden im Namen aller

In der einfachsten Variante beginnt das Reden im Namen aller mit einem persönlichen, aber öffentlichen Geständnis. »Ich habe immer gedacht«, sagt die Ich-Person am Redepult, und dann bekennt sie sich zu einem Fehler, oder einer Versuchung, die dem Publikum aus eigener Erfahrung gut bekannt ist. Das ermöglicht Identifikation: O ja, geht mir genau so, kenne ich von mir selber.

Dann verbindet die Ich-Person am Rednerpult ihren individuellen Irrtum mit dem Hinweis auf ein gemeinsames größeres Hindernis – das Rätsel, die Gefahr. Jede affektive Ich-Wir-Erzählung braucht einen Feind, der die Bedrohungen verkörpert und ihnen ein Gesicht, einen Namen, einen Vorfall und einen unabsehbar großen Körper dahinter gibt, nämlich ihre schlimmen Folgen in der Zukunft. Der Feind ist wichtig fürs Gemeinsame, denn der Feind will nicht fühlen, im Gegenteil. Er verschließt sich aus Arroganz und bösem Willen nicht nur der Einsicht ins Richtige, sondern verzerrt sie aus niedrigen Motiven.

Die Ich-Sprecherfigur am Rednerpult verspricht, das richtigzustellen. Sie empfindet das Unrecht und die Folgen des politischen Fehlverhaltens intensiver als alle anderen; deswegen kann sie die Benachteiligten und Unschuldigen nicht nur verkörpern, sondern ist verpflichtet, für sie zu sprechen. Ihr starkes Gefühl ist ihr Ausweis von Autorität und Legitimation: Ich BIN das Leiden der Benachteiligten, sagt die Ich-Wir-Person am Rednerpult, und gebe ihm den stärkstmöglichen Ausdruck. Ich spreche jetzt für euch alle, sagt sie zu ihrem Publikum, denn die anderen sind schuld. Wir fühlen das, ganz eindeutig. Es ist dieses gemeinsame Gefühl, das uns zu dem »Wir« macht, und deshalb müssen wir jetzt alle gemeinsam zur Tat schreiten.

Ansteckende starke Gefühle im Kollektiv sind also erst einmal das Ergebnis der Arbeit von Vor-Fühlern am Rednerpult. Sie müssen die eigene Gruppenzugehörigkeit bestätigen, die feindlichen anderen beschämen und maximale Nähe zu skandalösem Unrecht in der Vergangenheit erzeugen. Die Person am Rednerpult und ihr Publikum müssen schließlich gemeinsam davon überzeugt sein, dass ausschließlich sie selbst die wahre Geschichte des Kollektivs verkörpern und niemand sonst, und dessen Zukunft natürlich erst recht.

Die radikaleren Fraktionen der Alternativbewegung waren in ihren eigenen Erzählungen deshalb fest davon überzeugt, dass ihre radikale Verweigerung die einzig angemessene Haltung gegenüber der »faschistischen Kontinuität« der Bundesrepublik sei. Sie fühlten sich ganz selbstverständlich als Nachfolger und Wiedergänger der besiegten Rebellen von früher – und zwar mehr oder weniger aller, von amerikanischen Ureinwohnern bis zu den »Edelweißpiraten« und den Widerstandskämpfern gegen die Nazis. Sie konnten sich gar nicht irren, weil sie aus der Perspektive der Unterdrückten sprachen, sie verkörperten und deswegen weiterhin von der Ungerechtigkeit in der Vergangenheit betroffen waren, aber selber wussten, und zwar als Einzige, dass die Revolution – in ihrer Variante – selbstverständlich siegen würde.

Ansteckende Empfindungen entstehen nicht von selbst. Sie werden durch erzählerische Kniffe erzeugt, durch affizierendes Sprechen in der ersten Person, und sie beruhen auf Zeitmanagement. Phase 1 (die Sprecherperson kündet von ihren Irrtümern) greift auf die Nahvergangenheit zurück. Phase 2 (das intensive eigene Gefühl angesichts der Bedrohung) handelt vom Umkippen der vertrauten Gegenwart in eine unheilvolle Zukunft, die bereits angefangen hat und in naher Zukunft kollektive Bestrafungen von noch unbekanntem Ausmaß bringen wird – »wenn wir nicht sofort alle das richtige tun«. Phase 3 (das Anrufen der großen kollektiven Person im Plural, die alle Zuhörer umfasst) greift wieder auf die Vergangenheit zurück: auf die Schuld der anderen von früher. Und dann kommt Phase 4, die gewöhnlich die Form des dramatischen Konditionalsatzes annimmt und ein hochgefahrenes »Jetzt« erzeugt: Nur dann, wenn wir alle sofort und einmütig etwas Bestimmtes tun (oder unterlassen), nur dann besteht noch eine letzte Möglichkeit auf Umkehr, Bewahrung und Rettung, also Erlösung in der Zukunft.

Jeder derartige Mix aus Vergangenheit und Zukunft, Bedrohung und Erlösung muss unterhaltend sein, sonst funktioniert er nicht. Er ist Kino im wörtlichen Sinn – die Simulation von Bewegung. Kino synchronisiert die Empfindungen seines Publikums durch jene Erzählung, mit der die Erzählerin oder der Erzähler sie gleichzeitig mühelos zurück in die Vergangenheit und dann wieder nach vorne in die Zukunft transportiert. Die starken Empfindungen, die die Story erzeugt, lassen den zeitlichen Abstand zwischen damals und jetzt verschwinden und verschmelzen unterschiedliche Zeiten und Orte miteinander.

Das geschieht gerne mit Verweis auf die Schuld des Publikums. Du freust dich am Kaffee mit Zucker, der doch das historische Produkt grausamer kolonialer Ausbeutung ist. Du genießt die Schokolade, die durch die Kinderarbeit auf den Plantagen erst so günstig wird, versetzt mit Palmöl, dessen Erzeugung den Regenwald auf immer zerstört hat.[2] Jede solche Erzählung verschmilzt die Schuld aber mit einem Versprechen auf gemeinsame Befreiung durch politisches Engagement – samt der Pflicht zur Befreiung der eigenen Gefühle. In der politischen Praxis der 1980er kam das als strenge Handlungsanweisung daher und wurde üblicherweise in etwas gepresstem Lehrerton vorgetragen. Schrei es heraus! Zeig uns (und den Feinden), was in dir steckt! Werde endlich du selbst!

Damit aus dem individuellen Gefühl der starke kollektive Affekt werden kann, müssen aber nicht nur die Pflichten, sondern immer auch die Lüste angesprochen werden. Am einfachsten geht das mit den falschen und schmutzigen Lüsten der anderen, wie bei der Liste der verbotenen Dinge auf dem WG-Kühlschrank in den 1980er Jahren. Beim Ich-Wir-Sprechen im Modus der Schuldzuweisung nimmt derjenige die Würde und das Vergnügen der Selbstermächtigung in Anspruch, der oder die das Unrecht anklagt: Die anderen, die passiv bleiben und das Publikum stellen, werden dadurch entweder in Mehrgenießer verwandelt, die es leichter haben, in Kollaborateure oder in gleichgültige Egoisten; es sei denn, sie stimmen mit ein.

Diese Erzählungen haben bis heute nur wenig von ihrer Wirksamkeit eingebüßt. Ich-Wir-Forderungen im Modus der Schuld Dritter sind weiterhin deswegen so anziehend, weil sie unabhängig vom Ergebnis die eigene Position immer bestätigen. Wenn meiner Forderung nachgegeben wird, ist sie berechtigt; wenn ich und wir damit scheitern, ist unsere Selbstdefinition als unterdrückte Minderheit bestätigt. Die bösen Feinde waren diesmal siegreich, lautet dann die Schlussfolgerung; gerade deshalb dürfen wir nicht aufgeben, im Gegenteil. Das nächste Mal müssen wir noch konsequenter sein, noch geschlossener, noch radikaler, und unseren starken Gefühlen vertrauen. Denn die sagen uns, dass wir im Recht sind. Das ansteckende Gefühl bestätigt das Argument, das es erzeugt hat.

Wir ist ein Bettelordensprediger

Die westdeutsche Alternativbewegung der 1980er Jahre verstand sich selbst als aufgeklärt und aufklärend in einem sehr emphatischen Sinn. Sie nahm für sich in Anspruch, inmitten einer selbstzerstörerischen, gewalttätigen und ausschließlich auf Profit ausgerichteten Industriegesellschaft für moralische Integrität, Menschlichkeit und Wahrheit zu stehen. Ihre Protagonistinnen und Protagonisten beschworen eindringlich den Kontrast zwischen einem übermächtigen kalten System von erbarmungsloser Konkurrenz und Korruption und der eigenen Wärme, Authentizität und Gemeinschaft. Das verlieh ihr beträchtliche Wirkung, die bis heute anhält.[3]

Die Argumentationsfiguren und rhetorischen Techniken, die sie dafür benutzten, sind allerdings um einiges älter als die moderne Industriegesellschaft. Sie kommen aus dem religiösen Bereich, und der lässt sich historisch recht genau verorten. Die enge Verbindung von öffentlichem Reden über Gefühle, Selbstdarstellung und Aufruf zu kollektiver Aktion in moralischer Absicht ist dem Reden über sich selbst als Erlösung – dem Sakrament der Beichte als obligatorisches Ich-Sagen – eng verbunden. Beide wurden vor etwa achthundert Jahren eingeführt und durch die Prediger der Bettelorden popularisiert und verbreitet.

So ist auch die grammatikalisch falsche Kapitelüberschrift gemeint. Dominikaner und Franziskaner predigten ab dem 13. Jahrhundert in der Volkssprache für ein Publikum, dass aus allen – auch den weiblichen – Mitgliedern einer Stadt bestand. Die ältere Rhetorik war in der Antike für Versammlungen von Gerichten und politischen Gremien entwickelt worden, geschlossene Gesellschaften in geschlossenen Räumen. Das neue rhetorische Schema war dagegen für offene Räume und ein gemischtes Publikum bestimmt und stellte das Vorzeigen von Gefühlen ins Zentrum. Unter Berufung auf das Leiden Christi, der Märtyrer und aller tugendhaften Büßerinnen und Büßer sollte es möglichst intensive Gefühlsausbrüche erzeugen.[4]

Charismatische Prediger wie Vinzenz Ferrer, Bernardino von Siena und Johannes von Capistrano versammelten im 14. und 15. Jahrhundert gewaltige Menschenmengen, die bei ihren Predigten in Tränen ausbrachen, ihre Kleider zerrissen und vor Ergriffenheit ohnmächtig umfielen – jedenfalls wenn wir den von ihren Mitbrüdern verfassten Berichten glauben wollen, denn diese spontanen Bekehrungen, Schuldbekenntnisse und demonstrativen Akte von Wiedergutmachung wurden sorgfältig dokumentiert. In ihren Predigten ging es nicht nur um abstrakte religiöse Fragen, sie attackierten politische Gegner als gottlose Ketzer und Verkörperungen obszöner sündiger Schuld. Das bekannteste Beispiel dafür sind die Predigten über den bevorstehenden Weltuntergang, die ein charismatischer Dominikanermönch in den 1490er Jahren in Florenz und anderen Städten der Toskana hielt. Sie führten zur Vertreibung der Medici aus der Stadt (die ihn zuvor dorthin berufen hatten) und zur Gründung einer (kurzlebigen) demokratischen Republik, die sich strikt tugendhaften göttlichen Gesetzen verpflichtete und lasterhafte Luxusgegenstände, Bücher und Bilder öffentlich verbrennen ließ; bis der Prediger selbst vom Papst exkommuniziert, verhaftet, gefoltert und öffentlich verbrannt wurde.[5]

Die Bettelordensprediger selbst legten großen Wert darauf, Opfer und Verzicht selbst zu verkörpern, im wörtlichen Sinn. Ihr offizielles Vorbild war der 1252 angeblich von Ketzern ermordete Dominikaner Petrus von Cremona alias Petrus Martyr, in dessen Nachfolge sich die Angehörigen seines Ordens sahen. Er war in Rekordzeit heiliggesprochen worden, und sein Kult wurde in ganz Europa mit beträchtlichem Erfolg propagiert. So wohlhabend die Bettelorden selbst waren, die Prediger waren selbst persönlich besitzlos und lebten nur von Spenden. Sie traten als Verkörperungen des radikalen Verzichts auf alle weltlichen Verlockungen auf und waren von visuellen Attributen der Reinheit umgeben – betont schmucklosen Gewändern, griffigen Logos und immer ausgefeilteren und aufwendigeren Bildern und Spektakeln.

Mit ihnen vermittelten sie ihrem Publikum ihre eigene persönliche Autorität, dessen kollektive Schuld und die ungeheure Bedrohung, die von diesen kollektiven Verfehlungen ausging. Wenn ihr erlaubt, so die immer wiederkehrenden Themen der Predigten, dass die Juden und Muslime Sex mit euren Frauen und Töchtern haben, wenn ihr mit ihnen lukrative Geldgeschäfte macht, wenn ihr erlaubt, dass eure Mitbürger den Namen Gottes zum Fluchen und Schwören missbrauchen, wenn ihr Sex zwischen Männern duldet und den Verkauf luxuriöser verlockender neuer Waren und Glücksspiele, die teuflische Vorspiegelungen erzeugen, dann werdet ihr von Gott bestraft werden.[6] Hitze, Überschwemmungen und neue tödliche Krankheiten seien durch kollektives Fehlverhalten erzeugt. Die einzige Lösung, die davor Schutz biete, seien sofortige Buße, Reue, Umkehr – und natürlich wohltätige Spenden an die richtigen Institutionen, nämlich ihre eigenen.

Im 21. Jahrhundert klingt das ebenso exotisch wie eigenartig vertraut. Nur möchte keine politische Bewegung heute als Erbin der strengen Predigermönche auftreten. Als Universitätsprofessor bin ich allerdings der direkte Nachfolger der Dominikaner und Franziskaner des 13. bis 16. Jahrhunderts. Die Universitäten wurden in den ersten Jahrhunderten nach ihrer Gründung dominiert von diesen asketischen öffentlichen Intellektuellen. Sie durften selbst kein Geld verdienen, wurden aber von sehr wohlhabenden und straff organisierten Institutionen ausgebildet, um überall die Wahrheit zu verkünden; Missionare und Inquisitoren in einer Person, und dauernd im Streit untereinander.[7]

Die Argumentationsfiguren der Prediger haben die Geschichte der moralischen Rhetorik und ihrer Erzähltechniken dauerhaft geprägt. Sie bezogen ihre Wirkung aus der Kombination von realistischen Alltagsbeobachtungen und amüsanten Anekdoten mit der Botschaft, dass die angesprochene »Wir«-Gruppe in ihrem alltäglichen Verhalten fortwährend gegen göttliche Gesetze verstoßen habe und weiterhin verstoße; ein unübersehbares und über lange Jahre fortgesetztes kollektives Fehlverhalten, das wie eine zusammengeballte, gewaltige dunkle Wolke über allem hänge und sich jederzeit in schrecklichen Konsequenzen entladen könne, wenn das Publikum sein Verhalten nicht ändere – und zwar sofort, denn es sei spät, sehr spät.

Dabei ging und geht es immer um Affekte: Wer große und düstere Bedrohungsszenarien heraufbeschwört, fordert nicht nur persönliche Gefühlsinvestitionen als Pflicht ein – »Ihr müsst euch dieser unmittelbar drohenden Gefahr bewusst werden, jetzt gleich, während ich sie euch erkläre« –, sondern innige emotionale Zuwendung gleich mit dazu. »Ich habe eure Liebe und Belohnung verdient, weil ich euch warne und aufkläre.« Aus ihrer doppelten Berufung als Missionare (die Zuhörerinnen und Zuhörer müssen zum richtigen Glauben bekehrt werden) und als Inquisitoren (die Bekehrten müssen von nun an dauernd in der Festigkeit und Richtigkeit ihres Glaubens kontrolliert werden) leiteten die Bettelordensprediger außerdem ihre eigene Pflicht ab, das Verhalten aller disziplinieren zu dürfen und disziplinieren zu müssen; und das selbstverständlich nur zu deren eigenem Schutz vor dem noch viel unbarmherzigeren Zorn Gottes.

In einem solchen Schema ist verständlicherweise kein Platz für die bloße Erwähnung früherer Warnungen vor Bedrohungen, die sich nicht bewahrheitet haben. Es kann sie gar nicht gegeben haben, denn als guter Bettelordensprediger besteht jeder Warner und jede Warnerin darauf, dass die Infos brandneu sind und die Lage noch nie so bedrohlich war: Noch nie war es so spät wie jetzt. Und das seit ungefähr 700 Jahren.

In der Welt der Moderne haben ganz unterschiedliche Institutionen die Nachfolge der Bettelordensprediger angetreten, religiöse wie weltliche. Seither wird auch die göttliche Macht zur Strafe vom Prediger praktischerweise selbst in der eigenen Person verkörpert. (Das mussten im Mittelalter noch die lokalen Obrigkeiten übernehmen, und sie waren unterschiedlich stark motiviert, von ihren realen Möglichkeiten ganz zu schweigen.) Deswegen darf und muss der Ich-Wir-

Prediger Sprache, Luxus und Sexualität aller anderen streng regeln, bei scharfen Strafmaßnahmen.

Demonstrativer freiwilliger Verzicht – und das verstanden die Bettelordensprediger ausgezeichnet zu inszenieren – ist nämlich so ziemlich die einzige Ressource, von der immer genug da ist, und für alle. Im Gegensatz zu Geld, Lust, revolutionärer Energie und Erdöl ist Verzicht unbegrenzt lieferbar, weil er nie vollständig und strikt genug durchgehalten wird für das ganz große Ziel: die undisziplinierten und korrumpierten anderen sind also schuld. Verzicht wirkt am besten in Konkurrenz, im direkten Wettbewerb. Ich bin demütiger und anspruchsloser als ihr; deswegen bin ich autorisiert, große gemeinsame Aufgaben zu verkünden.

Es ist einigermaßen irritierend, die Protestbewegungen des späten 21. Jahrhunderts aus dieser Perspektive zu betrachten, aber vertraute Argumentationsfiguren sehen so plötzlich ziemlich anders aus. Nicht nur die rhetorischen Techniken, sondern auch die hagiographischen Traditionen des 13. und 14. Jahrhunderts haben ein langes Nachleben in der Moderne – für die Missionierung der Unterschichten, für die man damals erst mal eigene religiöse Vorbildfiguren erschuf, gilt das ebenso wie für die Praktiken der rasant expandierenden Geldwirtschaft und ihrer moralischen Risiken.

1981 erschien in der Taschenbuchreihe »fischer alternativ« der Band »Franziskus in Gorleben«. In ihm feierten die Herausgeber – sämtlich Theologinnen und Theologen – den Gründer der Bettelorden als Gründervater und leuchtendes Vorbild für jeden radikalen Protest »für die Schöpfung«.[8] Kann man so sehen. Ein engagierter amerikanischer Professor hat

1994 einen acht Jahre zuvor verstorbenen kämpferischen Kollegen mit ganz ähnlichen Worten beschrieben. »As far as I'm concerned«, schrieb David Halperin, »the guy was a fucking saint.« Mehr noch: Der große französische Philosoph sei unzweifelhaft »the patron saint of queer activism«.[9] Ob der ehemalige katholische Internatszögling Michel Foucault sich selbst wohl auch so bezeichnet hätte?

Wir ist nie fertig

Jedes Reden über Gefühle stellt diese Empfindungen selbst und ihre angebliche persönliche Unmittelbarkeit so stark in den Vordergrund, dass die impliziten Vorschriften rund um die Gefühle und die Regeln der emotionalen Selbstpositionierung unaussprechlich werden. In welchem Verhältnis stehen die Empfindungen des Sprechers und seines Publikums zueinander? Wo werden sie aneinander angeglichen, wo in möglichst scharfen Kontrast gestellt? Wer soll sich worüber amüsieren und wovor fürchten? Um wessen Erlösung geht es? Und wer ist jeweils nicht gemeint, wer sind die angeblich Unbelehrbaren, und wer die Bösen?

Die wilden ansteckenden Affekte in Pop und Politik des 20. und 21. Jahrhunderts lassen sich natürlich nicht auf ihre Herkunft aus den mittelalterlichen Bettelsordenspredigern zurückführen. Aber Herkunft – davon ist weiter oben schon mehrfach die Rede gewesen – erklärt ohnehin nichts. Die machtvolle religiöse Rhetorik der asketischen Mahner auf den Predigerkanzeln wurde in den Jahrhunderten danach von ganz anderen Predigern und Predigerinnen für deren eigene Zwecke weiterverwendet, bis zu den Naturschutz- und Friedensbewegten des späten 20. Jahrhunderts. Vermutlich ist jedes Reden von drohendem Weltuntergang und kollektiver Buße und Umkehr damit grundiert.

Von diesem frommen Pfarrerton wollten sich die Autonomen so deutlich wie möglich absetzen; deswegen ihr trotziges Beharren auf Spaßkultur, Erotik und positiv besetzter Gewalt als narzisstischem Spektakel. Mir scheint heute, dass diese Distanzierung so demonstrativ und unübersehbar ausfallen musste, weil das eigene emotionale Regime von Härte und Konsequenz der Feier von asketischem Verzicht stark ähnelte.

Die großen Aufgaben, die Ich-Wir-Prediger verkünden, verknüpfen das Unrecht aus der Vergangenheit mit einer radikal verbesserten, aber mit sehr großen kollektiven Aufgaben gefüllten Zukunft. In allen Fraktionen der Gegenkultur des ausgehenden 20. Jahrhunderts war diese Unerfüllbarkeit Programm: die entrechteten Massen der Dritten Welt befreien, die Benachteiligten, Frauen und Schwulen gleichstellen, die NATO zerschlagen, die Atomindustrie entmachten und den Überwachungsstaat lahmlegen: Aber sicher, machen wir. Mit diesen Forderungen – plus der Rettung der bedrohten Natur – wurden die Grünen und die Alternativen Listen in den 1980er Jahren ins Parlament gewählt. Ein Erbe daraus ist die Selbstverpflichtung zur moralischen Allzuständigkeit, die sich für jeden Missstand verantwortlich fühlt und gleichzeitig verspricht, ihn zu beheben – wenn nur alle das Richtige tun, und zwar gleich jetzt. Sonst seien baldige Bestrafung und kollektiver Untergang sicher.

Solche Forderungen erzeugen Gefühlsgemeinschaften, die viel von ihren Mitgliedern verlangen. Sie haben aber auch einiges zu bieten. Je größer die Forderung an alle, desto umfangreicher das damit verbundene Versprechen auf Erlösung. Eine solche unendlich große Aufgabe verspricht nicht nur Schutz gegen die ungeplanten und unplanbaren losen Enden, mit denen man im Alltag dauernd konfrontiert ist, sondern erlaubt auch demonstrative Selbstaufopferung im Namen der Gemeinschaft, als interner Wettbewerb: Unser Anliegen ist deswegen richtig und wichtig für alle, weil ich darunter mehr leide als alle anderen.

Dieses Leiden ist aber selbst ein gemischtes Gefühl mit positiven Nebenwirkungen. In radikaler Selbstverpflichtung liegt man erstaunlich weich, in den Armen eines ebenso fürsorglichen wie erbarmungslosen Über-Ichs. Bedrohliche Warnungen sind bedrückend, aber sie bestätigen die eigenen Annahmen über den Zustand der Welt und schaffen deshalb ironischerweise etwas, das man innere Sicherheit nennen könnte oder boshafter, das eigene Geborgensein in der großen Bedrohung zusammen mit anderen.

Nichts geht über »immer schlimmer«, wenn es um die Schaffung von Gefühlsgemeinschaften geht – um die Herstellung eines affektiven »Wir«. Szenarien von enormer, noch nie zuvor da gewesener Bedrohung und drohendem Untergang sind immer gemischt mit der Bestätigung der eigenen Zugehörigkeit zu einer intellektuell überlegenen Gruppe Auserwählter, die mehr wissen und die Situation klarer sehen. Wir, so die eigene Wahrnehmung, sind eben reiner und mutiger als all die Begriffsstutzigen und Getäuschten, die noch nicht verstanden haben, wie ernst die Situation ist.

Süße Schuld

Gemeinsam empfundene Auserwähltheit erlaubt außerdem ein Vergnügen besonderer Art, an der Schuld der anderen und am Ekel über ihre Unaufrichtigkeit und Schmutzigkeit. Je inniger eine Erzählung bei der eigenen Verlockung und dem klebrigen Schmutz der Schuld der anderen verweilt, desto intensiver ist das Gefühlskino aus Anziehung und Ekel, Bedrohung und Rettung, die sie erzeugt.

Denn Schuld, und darauf beruht jedes affektive Regime von Verunreinigung und Erlösung, ist Marketing: Um ein Gegenmittel gegen eine schmutzige schuldhafte Verstrickung anzupreisen, muss diese Empfindung unmittelbarer Gefährdung erst einmal hergestellt werden. Nur die richtige persönliche Entscheidung und ihre sofortige praktische konsequente Umsetzung, so lautet die Botschaft an die Zuhörer, kann euch aus eurer Schuld erlösen – eine Schuld, die durch eure eigene Ambivalenz, eure Zweifel und eure mangelnde Überzeugtheit an der einzigen richtigen Lösung nur noch größer wird. Akzeptiert eure selbstverschuldete Kollaboration mit den unmoralischen alltäglichen Verhältnissen.

Schuld ist starke Bindung. Schuld sein klingt zwar anstrengend, in der Theorie. In der Praxis ist sie aber eine Stütze, ein Gefäß für das empfindliche Eigene und eine aufmerksamkeitsheischende Waffe gegen böse andere. Vor allem ist Schuld die Schutzhülle vor etwas, was noch viel unaussprechlicher ist als das eigene Versäumnis oder der Fehler: die vollständige eigene Irrelevanz und Hilflosigkeit gegenüber dem Ablauf der Ereignisse. Deswegen mögen wir Schuld, egal, ob wir katholisch oder reformiert erzogen worden sind, ob wir uns als aufgeklärte Juden oder fromme Marxisten definieren. Schuld ist der Stoff, aus dem wirkungsvolle Geschichten zur Erzeugung gemischter Gefühle gemacht sind, denn sie enthält einen süßen verlockenden Kern. Wer im Namen des Ichs und Wir von den eigenen Ängsten spricht und im Namen des Wir von Schuld, Leiden und unabsehbar großen gemeinsamen Pflichten, an denen aber beim gegenwärtigen bedrohlichen Zustand der Welt aber kein Weg vorbeiführt, der kann nur richtigliegen.

Angesichts der Schuld und der gewaltigen Bedrohungen sind deswegen Unbesorgtheit und fröhliches Ist-mir-leider-Egal die schlimmsten möglichen Verfehlungen – das falsche, schmutzige Vergnügen. Vergnügen ist legitimationsbedürftig. Erlaubt ist es aber als Schadenfreude an den bizarren Fehlleistungen des Feindes und an der Beschämung der Verantwortlichen bei gleichzeitiger Bestätigung der eigenen Gruppenzugehörigkeit – am Schmutz der anderen.

Deswegen muss der Prediger auf dem Rednerpult so rein und asketisch sein, so wenig interessiert an der Macht (außer an der zu sprechen) und so demütig bereit, seine Fehler von früher einzugestehen angesichts der Schuld und der Größe der Bedrohung, die sie verursacht hat. Denn nur das Anerkennen der eigenen Schuld ist die Möglichkeit zur Umkehr, Buße und tätigen Reue – und zwar *subito*.

Wundertüte Sprache, schon wieder. Das Wort ist natürlich ein kämpferischer Slogan aus dem Italien der 1970er und einer Hamburger Punkerkneipe, wie bei Rainald Goetz 1983, und noch mehr ein Gefühl, die sieghafte und unaufschiebbare Forderung: Jetzt gleich! Aber abgeleitet ist es vom lateinischen Begriff für unterwerfen, preisgeben, entblößen, als abgeschlossene Handlung: Der oder das Besiegte – in der juristischen Sprache der Vormoderne war *le sujet, the subject*, der Untertan, der sich den Regeln der Obrigkeit unterstellt hat, oder der Kirche.

Wenn es um starke affektive Bindungen geht, um Subjektivität und politisches Empfinden, wird man die Schuld und die Lust an ihr als eigene Unterwerfung, Sicherheit vor der Zukunft und zukünftige Bestrafung nicht ohne weiteres los. Die Bettelorden ja auch nicht. Sie sind die Gründerväter der christlichen Universitäten, ob es denen heute passt oder nicht, und zusammen mit ihren reformierten Kollegen aus dem 16. und 17. Jahrhundert haben sie das Selbstverständnis und die Selbstdarstellung von öffentlichen Institutionen des Wissens und der Moral nachhaltig geprägt – bis heute.

Ich-Wir-Prediger und -predigerinnen sondern mühelos ganze Wolkengebirge aus »wir« mit umfangreichem gemeinsamen Pflichtenkatalog ab, und mit vielen Anleitungen und Anweisungen für Gefühle, vorzugsweise solche, die man haben soll, Gefühle von Zugehörigkeit und unbedingter Verantwortung. Hören sich deshalb so viele Rednerinnen und

Redner wie Pfarrerinnen und Pfarrer an, wenn man ihnen ein Mikrophon in die Hand drückt, nicht nur Professorinnen und Professoren (die sowieso), sondern Publizisten und Aktivisten aller Geschlechter und Glaubensrichtungen?

Organisierte Religion sei das erste und größte Erpressungsschema überhaupt, lässt der Schriftsteller Viet Thanh Nguyen in seinem furiosen Roman »Die Idealisten« von 2021 seinen vietnamesischen Ich-Erzähler in Paris überlegen: ein unerschöpflich profitables Wirtschaftsmodell aus freiwilliger Angst und erzwungener Schuld. Du bekommst die Wahl zwischen zwei Möglichkeiten, lässt Viet Thanh Nguyen seinen verzweifelten Protagonisten rätseln. Beide sind falsch, aber du musst dich entscheiden. Und das Allerschwierigste ist dabei, sich eine dritte Möglichkeit überhaupt nur vorzustellen.[10]

Damit sind wir schon wieder am angeblichen Ende der zuversichtlichen Moderne angekommen: Der Roman spielt im Paris des Jahres 1980. Inmitten des allgegenwärtigen französischen Rassismus und seines eigenen Engagements im Drogenhandel gerät Nguyens ratloser Antiheld immer tiefer ins Grübeln. Wenn wir Vietnamesen, überlegt er, an die kollektive Schuld der Franzosen, der Amerikaner, der Japaner und der Chinesen glaubten, die unsere Heimat über Jahrhunderte als Kolonisatoren unterjocht und gequält hatten, wenn *wir* so glühend überzeugt davon waren, dass sie schreckliches Unrecht an *uns* verübt hatten – mussten wir dann nicht auch an unsere eigene kollektive Schuld glauben?

»Guilt, indeed«, lautet der nächste Satz, »was a bitch.«[11]

6. Neue Lüste mit altem Zeug

»We don't have things to explain. We don't have an idea – we don't have a truth to explain.«
Ila Bèka und Louise Lemoine, Dokumentarfilmer (2016)

Damit wären wir wieder in der Gegenwart angekommen. Sie fühlt sich wieder einmal eher unübersichtlich an, die kollektive Stimmung ist nicht gut. Gewissheiten, deren Besitzerinnen und Besitzer heute fest überzeugt davon sind, dass sie früher über sie verfügt haben, sind ihnen abhandengekommen.

»Der Imaginationshaushalt spätmoderner Gesellschaften ist zutiefst verunsichert«, schreiben Carolin Amlinger und Oliver Nachtwey in ihrem hier schon mehrfach zitierten Buch. Proteste richteten sich – als »Nebenfolge spätmoderner Gesellschaften« – zwar gegen sie, aber im Namen ihrer zentralen Werte, nämlich Selbstbestimmung und Souveränität. Das Fazit, dass beide daraus ziehen, fällt ebenso weitreichend wie düster aus. Es sei mehr oder weniger ausgeschlossen, dass »spätmoderne Gesellschaften auf einen Pfad linearen Fortschritts zurückkehren und wieder eine dauerhaft stabile alltägliche Normalität erreichen« könnten.[1] Wann in der Vergangenheit der Fortschrittspfad linear und die stabile »alltägliche Normalität« dauerhaft war, teilen sie ihren Leserinnen leider nicht mit.

Alle Formen von Nostalgie, von denen die vorangegangenen Kapitel gehandelt haben, sind Ausdruck eines gemeinsamen Gefühls, das sie gleichzeitig bestätigen. Diese Selbstaffirmation macht sie so anziehend. Sie erfüllen den von ihnen Bewegten den Wunsch, als unschuldige Opfer eines gewaltigen Verlusts auftreten zu dürfen, der von – gewöhnlich nur sehr vage benannten – übermächtigen Instanzen fahrlässig oder böswillig herbeigeführt worden ist. Unter Berufung auf die gemeinsame Erinnerung an die vermeintlich gute alte Zeit von früher beruht jedes dieser gemischten Gefühle selbst auf einer Kombination von Auswahl und Vergessen. Die verlorene Vergangenheit ist angeblich eindeutiger gewesen. Sie muss aber dabei so unscharfe Konturen behalten wie möglich, sonst funktioniert das Gefühlskino der nostalgischen Beschwörung von Verlust nicht.

Jede Vergangenheit, hat die russische Schriftstellerin Maria Stepanova 2021 bemerkt, die als Gemeinschaft und Ort des Einverständnisses beschworen wird, aus der man erfolgreiche Ideen und Handlungsmuster, ästhetische Orientierung und vertraute Slogans beziehen könne, müsse ahistorisch sein: »eine Phantasie, die über Fakten locker hinweggeht, um den Mythos zu retten«. Wenn Putin von der Größe der Sowjetunion und vom glücklichen Leben der sowjetischen Bürger spreche, klammere er sämtliche Katastrophen der sowjetischen Geschichte aus – und seine Zuhörer vergäßen diese nur zu gern. Wenn Trump Amerikas verlorene Größe beschwöre, sage er nicht, in welche konkrete historische Phase er seine Wähler zurückzuversetzen verspricht – »er überlässt es ihnen selbst, sich ein schillerndes Bild nach ihrem Geschmack auszumalen«.[2]

In der Klinik

Es ist verlockend, wie Stepanova diese Erzählungen mit jeweils aktuellen politischen Protagonisten zu verknüpfen. Als Vehikel von Gefühlspolitik sind sie aber sehr viel älter, wie wir gesehen haben. Sie stehen nicht nur den Bürgerinnen und Bürgern ehemaliger Supermächte zur Verfügung, sondern allen Nationalitäten, die sich ihrer gerne bedienen möchten. »Eine Vergangenheit, die es nicht gibt«, hat der polnische Schriftsteller Andrzej Stasiuk schon im Jahr 2005 damalige Beschwörungen einer tausendjährigen katholischen polnischen Vergangenheit kommentiert, »aber etwas anderes haben wir wahrscheinlich nicht.«[3] Der Wunsch nach Rückkehr in die Sicherheit vermeintlich übersichtlicherer und vergangener Verhältnisse scheint Polen und Portugiesen, Ost- und Westdeutschen gemeinsam zu sein. Beschwörungen der Wiederherstellung von Heimat werden in der Schweiz wie in Österreich erfolgreich seit den 1990er Jahren als Wahlkampfslogans verwendet; in ihren Nachbarländern im Osten und Süden ist das genauso.

Gemeinsam ist den unterschiedlichen nationalen Spielarten der Nostalgie das Prinzip der Auswahl. Aus dem riesigen Materialfundus der Vergangenheit wird nachträglich eine ideale Welt zurechtgesampelt, und in die – und nur in die – will man zurück. Der bulgarische Schrifsteller Georgi Gospodinov hat das in seinem Roman »Zeitzuflucht«, 2021 im Original und 2022 in deutscher Übersetzung erschienen, noch ein bisschen weitergedacht. Darin eröffnet ein Freund des Ich-Erzählers in Zürich eine Privatklinik für Demenzkranke, in der sie sich in reinszenierte Vergangenheiten zurückbegeben können. Warum ausgerechnet in der Schweiz?, fragt der Erzähler. »Hier gibt es genügend Menschen, die bereit sind, für ganz viel Vergangenheit zu bezahlen«, sagt der Klinikchef, während er ihn in einem neu eröffneten Flügel der Privatklinik herumführt. »Hier siehst Du die Sechzigerjahre, Mittelklasse. Die Vergangenheit ist teuer, und vorerst können sie sich noch nicht alle leisten.«

Im Roman ist die Klinik Nostalgie ein riesiger Erfolg, immer mehr solche Einrichtungen werden eröffnet. Dann tauchen Radiosender auf, die nicht nur einzelne Musikstücke aus den 60ern, 70ern und 80ern spielen, sondern ganze Tagesprogramme aus diesen Jahrzehnten senden, mit den Nachrichten, den Gesprächen und allen anderen Sendungen von damals. Das verlockende Früher, sagt der Klinikchef, wuchere wie Unkraut. »Wir sind Fabriken für Vergangenheit. Lebende Maschinen für Vergangenheit, was sonst. Wir essen Zeit und produzieren Vergangenheit.«[4]

Die vermeintliche gute alte Zeit ist aber national unterschiedlich, und die kollektive Sehnsucht nach ihr steigert sich im Roman zu einer hoch ansteckenden Krankheit, die sich überallhin ausbreitet. Am Schluss werden in allen europäischen Ländern Volksabstimmungen durchgeführt, in welchem Jahrzehnt man von jetzt an leben wolle, und zwar für immer. Weil die Vergangenheit unzugänglich ist, wollen alle hin. Ihr Nicht-mehr-da-Sein macht sie so unwiderstehlich für die Selbstvergewisserung. Nostalgie ist das Versprechen auf die magische und schwerelose Wiederherstellung einer ästhetischen und moralischen Unversehrtheit von früher. Sie kann dabei vollständig imaginär bleiben, wie Gospodinov zeigt.

Mehr muss man zur angeblich verlorenen Übersichtlichkeit von früher nicht sagen. Man hat meistens nichts davon, dass der eigene Wunsch erfüllt wird – im Gegenteil. Reinszenierte Vergangenheit, so die Botschaft des Romans, ist ein Medikament, ein linderndes Mittel für Demenz. Nur eines mit starken Nebenwirkungen: Denn Nostalgie löscht das, was man in der Vergangenheit tatsächlich getan und erlebt hat. Sie ist jene Demenz, die man sich selber organisiert.

Geschichte als *reverse engineering* ist ein Zauberreich, und um sich die magische Wirkung jedes solchen Versprechens auf Rückkehr in die Zustände von früher vor Augen zu führen, muss man es auf so etwas Alltägliches wie die Zubereitung von, sagen wir, Spaghetti Bolognese übertragen. Die Nudeln gerade ziehen und trocknen geht ja noch. Aber die Zwiebeln und Knoblauchzehen wieder zusammensetzen und in ihre Schale zurückkriegen, die Karotte wieder in die Gartenerde, das Tomatenmark in die Tube, die zurück in die Fabrik, die Tomaten wieder in ihre Häute füllen und nach Süditalien chauffieren zu den Feldern mit den Illegalen, die sie dort geerntet haben, und das Fleisch zurück in den Fleischwolf und von dort in den Schlachthof und das wunderbar wiederbelebte Rind kommt wieder in den Lastwagen und darf zurück aufs Feld? *Undo*, ungeschehen machen, wie bei den Super-8-Filmen, die wir als Kinder haben rückwärtslaufen lassen, mit großer Wonne.

Im Bulgarischen, habe ich von einer sprachkundigen Freundin gelernt, gibt es eine eigene Vergangenheitsform für etwas, das man von anderen gehört hat, an dessen Wirklichkeitsgehalt man aber zweifelt, den dubitativen Renarrativ. Das ist gar nicht so einfach ins Deutsche zu übertragen. Vielleicht der Imperfekt: »Es war einmal«? Preußische Geschichte dagegen, belehrt mich jede Fahrt in der Berliner U-Bahn, ist eine Klebefolie. Alle Fenster sind damit überzogen: Sie zeigt immer dasselbe, nämlich das Brandenburger Tor, und verhindert den Blick hinaus auf die Gegenwart.

Dosenöffner

Das Gefühlskino der Nostalgie beruht auf synchronisierter Empfindung der Vergangenheit. Jede solche Fühl-Gruppe wird durch gemeinsame Zeiterfahrung erschaffen, durch eine Definition von »So war es«, die von allen Mitgliedern mehr oder weniger geteilt wird. Das ist praktisch. Zeit als unablässig und unsichtbar vorbeiströmende Flüssigkeit wird durch solche Erzählungen in übersichtliche Portionen eingeteilt und abgefüllt, in narrative Dosen, Gefäße mit fester Oberfläche als synchronisiertes Selbstbild, versehen mit dem entsprechenden Etikett in der ersten Person Plural: »unsere«.

Deswegen kombinieren auch alle Gesellschaftsdiagnosen, von denen hier die Rede war, ihre Beschwörung der verlorenen Übersichtlichkeit von früher mit der Suche nach dem richtigen Wort, dem analytischen, trennscharfen, alles erklärenden Begriff, mit dessen Hilfe man die falschen Verhältnisse analysieren und zur Verbesserung in der Zukunft öffnen kann – nicht nur ein Wort also, sondern ein Werkzeug, ein Dosen- und Zeitöffner. In dem besorgten Buch von Amlinger und Nachtwey taucht hier auch die »Autonomie« wieder auf – denn im Individualismus der Spätmoderne, argumentieren sie, solle das eigene Leben sowohl »autonomer« als auch »authentischer« gestaltet werden.[5] Der »libertäre Autoritarismus« der Gegner, Symptom der spätmodernen Aporie zwischen beidem, sei die falsche Version dieser trotzigen Selbstbestimmung. Er berufe sich auf die Freiheit als leitende Imago der Moderne, verzerre sie aber und verkürze sie destruktiv zu bloßer eigener Optimierung. Dagegen setzen sie »Demokratisierung der Demokratie«, »Solidarität« und, im letzten Satz ihres Buchs, »vitale Herrschaftskritik von unten«. Wer will da widersprechen?

Bloß fällt das alles eben doch ein bisschen sehr allgemein aus. Das liegt an den Begriffen selbst und war schon in den 1980er Jahren so, im Autonomenplenum und in den unterschiedlichen Wohngemeinschaften und Lesegruppen, in denen ich mit roten Ohren vor begeisterter Aufregung Mitglied gewesen bin. Nur mit dem richtigen theoretischen Begriff, so die damalige gemeinsame Überzeugung, würde man die opaken und buchstäblich unaussprechlich bedrückenden Alltagsverhältnisse umstülpen können, durchsichtig machen und auseinandersprengen.

Dieses Wunderwaffenwort würde als Superformel die Wirklichkeit verändern, wenn es nur gefunden und in der richtigen Weise ausgesprochen würde. Das war ein so heißer Wunsch, weil es in der Wirklichkeit genau andersherum war. Ich hatte viele eng bedruckte Seiten älterer und neuerer Theorie gelesen und war mehrfach überzeugt, jetzt endlich verstanden zu haben, wie alles zusammenhing im Inneren der repressiven Maschine. Also stand ich im Plenum auf und sagte mit Herzklopfen vor Aufregung, aber blass und entschlossen: »Klassenlage«. »Doxa«. »Subjektposition«. »Diskurs«. Leider änderte sich dadurch gar nichts. Die große Dose der Verhältnisse, in der ich mich (und alle anderen) vermutete, ging nicht auf. Alles blieb so zäh, langweilig und fest verschlossen, wie es vorher auch schon gewesen war.

In den akademischen Lese- und Debattengruppen, in die ich später wechselte, ging die Suche weiter. Der Diskurs hatte noch einmal seinen Auftritt, nicht mehr in der Lederjacke, sondern im universitären Cordjackett, dann die Gouvernementalität, gefolgt von den homosozialen Bindungen, der Heteronormativität und der Intersektionalität. Die Dose der befreienden Veränderung der Verhältnisse ging leider weiterhin nicht auf.

Theoretische Wunderwaffenworte, habe ich seither gelernt, bilden nicht die Wirklichkeit ab, die sie angeblich analysieren, sondern die Bedürfnisse im Inneren der sozialen Formationen, in denen sie gebraucht werden, inklusive des Bedürfnisses nach Hierarchie. Wunderwaffenworte sind Erkennungszeichen und gleichzeitig autopontifikal, sie dienen der gemeinsamen Selbstverpapstung: Nur wir haben es gemerkt, beziehungsweise die Person am Mikrophon, die gerade im Namen aller spricht; sonst niemand, und nur unsere Formel ist die richtige.

Die magische Formel ist deswegen wirksam und der heilige Name deshalb heilig, weil ihr Deklamieren eine Gruppe erzeugt, die sich um das Wort versammelt und sich gegenseitig seiner Wirkung versichert. Wenn man das ausdauernd genug praktiziert, ist es von Selbstprogrammierung nur mehr mit großer Mühe zu unterscheiden. Das Ergebnis ist dann eine Art Obertonsingen fester gemeinsamer Überzeugungen mit dafür fixierten vertrauten Begriffen – großartig für das Gemeinschaftsgefühl, leider mit dem unangenehmen Nebeneffekt, dass man den von einem selbst verwendeten Begriff sehr leicht mit dem eigenen Ziel verwechselt. Dafür erfüllt eine solche Veranstaltung den Wunsch nach Erlösung durch Verschmelzung und gemeinsame Vibration – nach Einheit.

Vereinigung ist einer jener psychischen Vorgänge, mit denen man nie fertig werden wird. Sie kann immer nur unvollständig sein, und das wird umso spürbarer, je inniger sie als hohes Ziel beschworen wird, von der *unio mystica* über die Einheit der revolutionären Werktätigen bis zur Wiedereinigung und der Verschmelzung als ideales Paar. Einheit ist ein Predigerradio, griffig zusammengefasst im Künstlernamen eines Berliner Musikers aus den 1980ern, der zuerst Punk gemacht hat, dann Industrial: FM Einheit.

Unerfüllbarkeit

Früher oder später, legt Gospodinov seinem zynischen Klinikchef in den Mund, verwandelten sich alle Utopien in historische Romane.[6] Ich würde eher sagen: in Kostümfilme. Die Autonomen der 1980er kommen mir heute vor wie eine Laienspieltruppe, die Endzeitfilme und Szenen aus den Fernsehnachrichten von vorgestern nachstellte, als Potpourri und mit großem Gusto an imaginären Zeitreisen. Weil sie sich marginalisiert vorkamen, fühlten sie sich den Unterdrückten früherer Epochen so eng wie möglich verbunden. Die eigene Identifikation mit Widerstandskämpferinnen und Rebellen aus ganz unterschiedlichen Zeiten und Orten war beträchtlich. Sie reichte von mittelalterlichen Piraten (dem legendären Störtebeker und seiner Crew) über aufständische Bauern und Handwerker (Jos Fritz, der Anführer des Bundschuhaufstands von 1513, war Namenspatron eines linksalternativen Buchhandelskollektivs in Freiburg) bis zu Shawnees und Apachen, wie wir gesehen haben, Widerstandskämpfern gegen die Nationalsozialisten und lateinamerikanischen Guerilleros.

Dieser Appetit auf Geschichte war Erlaubnis, und zwar Erlaubnis zu ziemlich ungehemmter affektiver Selbstdarstellung qua Opferstolz und negativer Auserwähltheit. Wir – die erste Person Plural war unverzichtbar – werden minorisiert und verfolgt und leiden, so die Botschaft, weil wir als Einzige konsequent auf der einzig richtigen Seite stehen, bei den Entrechteten.

Als Einladung zum starken Mitfühlen in der Gruppe fand das im Rahmen eines öffentlichen Wettbewerbs um Aufmerksamkeit und Gefühlsintensität statt. Wer verkörpert am entschiedensten die Reinheit und den Verzicht auf ökonomische Profite? Wer macht die eigene Demut am unübersehbarsten? Und wer erzeugt die stärksten kollektiven Gefühle, die sofortige Umkehr zum Besseren und jenes radikale gemeinsame politische Handeln erst ermöglichen, das uns vor der sonst sicheren Vernichtung in der Nahzukunft retten kann?

Deswegen mussten die eigenen Forderungen im Namen der gemeinsamen Gefühle auch so radikal sein. Ihre praktische Unerfüllbarkeit war kein Nachteil, sondern das stärkste mögliche Erkennungszeichen für die moralische Überlegenheit und die Stärke der eigenen Überzeugung – inklusive des durchaus erwünschten Nebeneffekts, das damit eine Verwechslung mit Konkurrenten unmöglich wurde. Also mit jenen Genossinnen und Genossen, die etwas Ähnliches versprechen, nur in milderer Sprache und mit praktikableren Umsetzungen. Angesichts der ungeheuren Größe der Bedrohung konnten das nur laue Kompromissler sein, korrumpiert von der Macht und dem Bösen, das man nur so entschieden wie möglich bekämpfen konnte.

Maximale Forderungen sind eine starke Waffe im Kampf um Aufmerksamkeit und maximalen Anspruch an das Kollektiv. Wir *dürfen* nicht nur solche scharfen Forderungen stellen, lautet die Logik der Argumentation, sondern *müssen* es, und zwar deswegen, weil wir im Namen der Opfer von Unterdrückung, Kolonialismus, Genozid sprechen. Wir treten hier im Namen des unaussprechlichen Leidens Hunderttausender oder Millionen malträtierter Menschen in der Vergangenheit auf. Ich und wir empfinden deren Schmerz nicht nur intensiver als alle anderen, sondern verkörpern ihn. »Ich bin das eigentliche Opfer«, lautet die Nachricht, »und zwar jetzt.« *Subito*.

Jede so proklamierte radikale Position des Allein-gegen-Alle und der Verkörperung der Besiegten wirkt von außen unbequem und heroisch. Aus der Innensicht bietet sie beträchtliche Vorteile. Sie bestätigt immer wieder neu die eigene

Wahrnehmung als Opfer fundamentaler Ungerechtigkeit. Ich würde heute die Autonomen mit ihren martialischen Aufführungen als Spielsüchtige beschreiben. Sie wollten einfach immer wieder wissen, ob es wirklich um *sie* geht – als Opfer. Ihr trotziges Beharren auf unerfüllbar großen Forderungen – alles, und jetzt gleich! – bot Lustgewinne durch radikalen und sehr genießerischen Pessimismus. Es war immer alles ganz schrecklich gewesen, und deswegen hatten wir recht. Und zwar nur wir – allein gegen alle anderen, denn die waren Kompromissler, Luschen, Anpasser.

Spätestens an dieser Stelle werden mir meine eigenen Überzeugungen von früher nicht nur unheimlich, sondern peinlich. Es fühlte sich aber damals selbstverständlich an, die eigene hochmütige und selbstmitleidige Verbohrtheit nicht zu bemerken. Außerdem war ich auf diese Weise eben nicht allein, sondern Mitglied einer kleinen Gruppe Auserwählter, die sich gegenseitig in diesen Gefühlen bestärkten. Der unablässige Kampf gegen übermächtige Gegner war nicht nur die herzklopfende große Aufgabe, sondern auch Extremsport, Lustgewinn, Erlaubnis und Selbstauszeichnung – wie die Spektakel von Depressiven, Dramakönigen und -königinnen. Und eine große, selbstgemachte Falle.

Ruderboote auf hoher See

Sich in den Armen des übermächtigen Systems wissen, von dem man selbst laut versichert, dass man es bekämpfe und verabscheue. Es beschützt einen aber auch, und man kennt sich darin aus, gerade weil man sich als Opfer dieser abscheulichen Verhältnisse beschreibt: Selbst- und Fremdverachtung gehen dabei besondere Mischungen ein, affektive Emulsionen, mit denen man sich gegenseitig einreibt.

Diese Haltung war charakteristisch für die dramatischen Selbstdarstellungen der Autonomen in den 1980er und 1990er Jahren. Sie gilt aber auch für die westdeutsche Alternativbewegung als ganze, scheint mir im Nachhinein, und ihre vielfältigen Fortsetzungen im Kulturbetrieb bis in die Gegenwart. Protestkünstler sind so, Verbandsfunktionäre, langjährige Mitarbeiterinnen und Mitarbeiter von humanitären Hilfsorganisationen, Galerien, engagierten Verlagen, Kulturinstitutionen und sehr viele Fernseh- und Feuilletonredakteure. Und Professorinnen und Professoren sowieso. Ihr affektives Regime beruht auf Klagen als Selbstbestätigung, ansteckendes Gefühl und Wettbewerb in Intensität. Wer leidet am innigsten und überzeugendsten unter den ungerechten Verhältnissen?

Am ausführlichsten wird gewöhnlich bei Abendessen unter Gleichgesinnten, Kolleginnen und Kollegen geklagt – da ist genügend Zeit, und Alkohol und ansteckende Gefühle unterhalten zueinander ohnehin eine innige Beziehung. Freundinnen und Bekannte rund um einen großen Tisch, Aperitiv, Salat und Vorspeisen. Wir sind schon beim Hauptgang, als die Rede auf die gegenwärtige Situation kommt. Wie war das früher, und wie schätzen wir unsere Zukunft ein?

Die Texterin ist engagiert, uneigennützig und unterstützend bis zur Selbstaufgabe. Sie verpflichtet sich selbst zu umfangreichen zusätzlichen Aufgaben, freiwillig, und davon berichtet sie ausführlich. Sie zeigt ihre Hilflosigkeit vor und fordert damit Schutz und Kooperation ein. Ihre eigene Überforderung ist Ausnahmezustand und gleichzeitig Regierungsform, denn sie fühlt sich für alles zuständig. Ihr Reden über Literatur und Pop umgibt jedes Phänomen mit einem universalen Trauerrand. Früher sei es wahrer, politischer und intensiver gewesen und jetzt schal und korrumpiert – wovon genau, bleibt unklar.

Die Abendessenrunde stimmt ein. Sie habe recht. Früher hätten informelle Netzwerke und Klüngel bei der Vergabe von Preisen und Vortragseinladungen eine geringere Rolle gespielt als jetzt. Früher seien die Rezensionen aufmerksamer und fairer gewesen. Früher hätten sich die Verlage noch um die Bücher gekümmert. Früher seien die Umgangsformen unter den Kolleginnen und Kollegen weniger toxisch gewesen. Die anderen bekämen viel mehr Aufmerksamkeit als man selbst, obwohl sie auf billige Effekte setzten. Die anderen seien viel besser vernetzt. Die anderen seien viel besser organisiert. Und der Text, an dem man gerade sitzt, falle einem so schwer wie nie zuvor.

Stimmt schon. Geht mir auch so. Als Selbstdarstellung ist eine solche Erzählung unwiderstehlich. Nur ist sie autogelierend, wie Schleimforscher sagen würden. Bei Kontakt mit der Außenwelt erstarrt sie sofort zu einer undurchdringlichen Substanz, an der alles andere kleben bleibt.

Manche Institutionen, geht mir während des Abendessens auf, als ich noch eine Flasche Wein öffne, sind Ruderboote auf hoher See. Sie definieren sich durch das, wovon sie sich demonstrativ distanzieren. Sie sind Rettungsinseln für das bedrohte Schöne und Richtige. Deswegen sind sie unverzichtbar. Nur müssen sie selbst ebenfalls dauernd gerettet werden, denn sie sind fortwährend vom Untergang bedroht und können nur durch dauernde Extraleistung aller Beteiligten über Wasser gehalten werden, durch ununterbrochenes Pumpen und Rudern. Ihre Existenz beruht auf der ununterbrochenen Verausgabung derjenigen, die mit der Institution symbiotisch verschmolzen sind. Sie verkörpern das Projekt, von dem sie gleichzeitig bei lebendigem Leib aufgefressen werden, wenn die anderen sie nicht unterstützen.

Deswegen ist es bei ihnen immer zwei vor zwölf. Ihre Beschwörungen der guten alten Zeiten von früher sind fest mit der Überzeugung ihrer Insassen verbunden, dass die Lage noch nie so ernst war wie jetzt. Nach diesem Prinzip funktionierten schon die besetzten Häuser und autonomen Kulturzentren in den 1980ern. Verlage beruhen bis heute auf dieser Überzeugung, Kunstprojekte, selbstverwaltete Kleinbetriebe, Programmkinos, Avantgarde-Zeitschriften, Anwohnerinitiativen, Heimatvereine, freie Tanzkompanien, Lyrikfestivals und engagierte Studiengänge an Kunsthochschulen. Sie alle dürfen von allen Beteiligten Überstunden in beliebiger Anzahl, unbezahlte Arbeit und unbedingte Unterstützung einfordern, weil sie so kostbar sind, so sehr engagiert und so unersetzlich, extrem fragile Tyranneien des Sachzwangs.

Es sei eben gar nichts mehr so wie früher, verkünden sie,

und sie stünden allein, allein gegen alle. Deswegen brauchen sie außer Geld eben noch den kostbarsten affektiven Stoff von allen, nämlich Zuwendung: ganz, ganz viel Liebe.

Liebesdienste

Damit wären wir bei einem ganz besonderen Gefühl angekommen. Begehren, hat die Psychoanalytikerin Anne Dufourmantelle geschrieben, brauche den Mangel, um zu brennen. Es kokettiere immer mit der eigenen Machtlosigkeit.[7] Das wehmütige Beschwören verlorener Zustände aus der Vergangenheit ist deswegen dem Reden über Hingabe und Leidenschaft eng verbunden. Wer von Liebe redet, meint es ernst. Er oder sie kann nicht anders. Und erwartet, dass es dem oder der anderen genau so geht. Denn wer liebt, darf alles vom anderen verlangen, Verschmelzung inbegriffen.

Leidenschaft, Hingabe, Liebe. Viele Vokabeln, die in der Mitte des 20. Jahrhunderts noch für die Beschreibung sehr privater Gefühle reserviert waren, sind mit dem Siegeszug der Popmusik und der übermütigen Subjektivität im Mainstream angekommen. Dasselbe gilt für ihre zuvor tabuisierten sexuell expliziteren Varianten: scharf, geil, Geilheit. Die selbstverzückten Phantasien des militanten Berliner Demonstrationsaufrufs vom Juni 1987 mit ihrer Feier der Erotisierung und des hemmungslosen Genießens waren damals mehr als nur ein bisschen skandalös, deswegen auch so anziehend. Geil wurde dann aber sehr rasch alles Mögliche, die Werbeslogans am Beginn des 21. Jahrhunderts bedienten sich fleißig bei den Parolen der Gegenkultur. Auch von Liebe und Passion ist seither überall die Rede; das Wort für die intensivsten und zartesten persönlichen Gefühle ist zur Chiffre für abhängige Arbeit geworden. Für die Sache brennen. Sich ganz hineingeben. Darin aufgehen. Bioprodukte, Designerküchen und Autos werden heute mit und durch Liebe hergestellt, ganz viel Liebe, wenn ich der Selbstdarstellung ihrer Verkäufer glauben darf. Dasselbe gilt für politisches Engagement und die Wunderwelten des individualisierten Konsums.

So marginalisiert sich die Autonomen der 1980er Jahre auch vorkamen, in diesem Bereich haben sie gewonnen: Ihr Stil von trotziger Subjektivität qua sofortiger hedonistischer Wunscherfüllung ist überall, und die so stark wie möglich emotionalisierte Selbstauskunft ist im Marketing mittlerweile Normalfall. Es geht darin, wenn man den Bekenntnissen glauben darf, um nichts weniger als Erfüllung und triumphierend vorgezeigtes Glück.

Geile Sache, so ein Sieg. Er hat nur ein paar Nebenfolgen. Große emotionale Anrufungen – »Ich will dich« – und noch deutlicher: »Wir wollen dich« – sind natürlich das Versprechen auf Zuwendung, Erotik, Zugehörigkeit und Unterhaltung. Gleichzeitig sind sie auch angsteinflößend, weil Bindung und die damit verbundenen Aufgaben und Ansprüche natürlich immer gleich mit eingepackt sind in diesem Geschenk. Denn Liebe ist natürlich das Beste, was einem passieren kann. Und gleichzeitig ist sie in der Praxis, um es etwas unfreundlich auszudrücken, Dienst.

Das ist kein Wort, das die Betroffenen gerne verwenden, aber mit ihm bekommt man die unfreiwilligen und demütigenden Aspekte von Zugehörigkeit und Verschmelzung besser in den Blick. Die gibt es nämlich auch. Was würde sich ändern, wenn man in Texten, Filmen und Werbespots das eine Wort automatisch durch das andere ersetzen würde, Liebe durch Dienst und lieben durch dienen, den Akkusativ durch den Dativ, und umgekehrt? Aus der Liebes- wird die Dienstgeschichte, auf einmal gibt es den Vaterlandsdienst und die Liebesreise, und die bange Frage: »Liebst Du mich wirklich?« klingt plötzlich ganz anders.

Wir saßen immer noch beim Abendessen, es war spät geworden. Ich möchte nicht der Befürchtungsgemeinschaft angehören, sagte ich am Schluss, das sei mir mit zu vielen Gefühlspflichten verbunden. Ich sei Historiker: Der unmittelbar bevorstehende Untergang der Welt werde seit gut zweieinhalbtausend Jahren angekündigt. Außerdem gehe mir das Klagen auf die Nerven. Wer klagt, erfährt nichts Neues. Und nichts schafft die Möglichkeit für vergnügte Überraschungen und erotische Anziehung so zuverlässig ab wie das Jammern.

Mit meiner Weigerung, an den Verlust der guten alten Zeiten zu glauben und an das Schlimme, das uns jetzt bevorstehe, sagte mir daraufhin der befreundete Filmwissenschaftler ernsthaft, gehörte ich zum defaitistischen Teil der Linken. Wer sich auf diese Weise von den gemeinsamen Erfahrungen des Verlusts distanziere, sei eben innerlich nie wirklich überzeugt gewesen. Diese Art von Distanzierung, fügte er hinzu – wir hatten ziemlich viel Wein getrunken – sei letztlich immer Verrat.

Verrat

Verrat woran? Der Sozialpsychologe Leon Festinger schmuggelte sich in den 1950er Jahren in eine charismatische Glaubensgemeinschaft, die sich auf den nahen Weltuntergang vorbereitete. Als zum angekündigten Termin der große Wumms nicht eintrat, verstummte das charismatische Oberhaupt der Gruppe erst einmal. Dann, nach persönlicher Zwiesprache mit dem Herrn, wie er der Gemeinde nachher verkündete, enthüllte der geistliche Führer den Gläubigen die Auflösung des Rätsels. Dass die Welt noch dieses eine Mal verschont worden sei, sei die Belohnung für die Stärke ihres gemeinsamen Gebets in der Gemeinde. Weil sie so fest geglaubt hatten, wurden alle gerettet. Aber – und das war die eigentliche Lektion –: Wehe, wenn sie darin nachließen.[8]

An dieser Geschichte kommt mir einiges vertraut vor. Charismatische Anführer gab es im Milieu der militanten Alternativbewegung der 1980er Jahre auch. An Prophezeiungen, die nicht eingetreten waren, war ebenfalls kein Mangel. Um sie zu verarbeiten, hielten die Häuptlinge zwar keine Rücksprache mit Gott persönlich, aber mit den heiligen Texten radikaler Theorie. Die Ergebnisse fielen sehr ähnlich aus: Gerade jetzt, angesichts dieser oder jener Niederlage, müsse man sich noch entschlossener, strenger und solidarischer dem gemeinsamen Kampf widmen.

Jede affektive Gemeinschaft wird nicht nur vom Weltuntergang oder von den heimtückischen Feinden bedroht, sondern auch vom Verblassen der gemeinsam empfundenen unmittelbaren und existenziellen Bedrohung. Der Vorwurf des Verrats durch mangelndes Mitfühlen – in diesem Fall nicht ganz ernst gemeint – verbindet deswegen meine Abendessengesellschaft mit vielen anderen engagierten Gruppen, in denen ich Mitglied war. Die politischen Inhalte waren bei den Autonomen und in den besetzten Häusern der 1980er Jahre anders, aber das gemeinsame affektive Regime war dasselbe. Man war etwas Besonderes. »Nur wir – gegen alle anderen« hieß das inoffizielle Motto, und die Feinde – es gab so viele, dass man sie als »das System« aufsummierte – waren übermächtig und überall. Auch in den eigenen Reihen, und gerade dort.

Wenn ein Mitglied etwas anderes fühlte als die Gesamtgruppe und einer Empfindung äußerte, die inkompatibel mit dem gemeinsamen Erwartungshorizont war, wurde das sanktioniert. Ein solcher Ausstieg aus dem gemeinsamen Affekt war besonders unerträglich, wenn jemand kollektive Befürchtungen nicht teilte, und umso mehr, wenn das ironisch und vergnügt geäußert wurde. Wenn du nicht Mitglied unserer Gefühlsgemeinschaft sein willst, die sich in Teilnahme an Schmerz und Leiden zeigt, so könnte man das in die Alltagssprache übersetzen, dann bist du der Verräter, die Verräterin, die korrumpierte Überläuferin zum Feind. Dein Vergnügen, so die Botschaft, ist falsch, schmutzig und moralisch minderwertig.

Ich übertreibe, aber nur ein bisschen. Jeder derartige Verdacht bringt das hervor, was er am meisten fürchtet. Jede Gruppe, die nach dem Prinzip »Nur wir, gegen alle anderen« verfasst ist, ist auf Verrat angewiesen: Um ihre Selbstdefinition von Entschlossenheit und Intensität aufrechtzuerhalten, muss sie in unregelmäßigen Abständen Verräter und Verräterinnen identifizieren und dann verstoßen. Gewöhnlich geht das mit bitterer Klage einher und ist nützlich für nostalgische nachträgliche Selbstdefinitionen. Früher nämlich, da sind sich die Betroffenen immer ganz sicher, wie bei meinem Abendessen, früher konnten wir uns noch aufeinander verlassen.

Freiheit für alle, oder so

Gemeinsame Gefühle, habe ich weiter oben geschrieben, brauchen einprägsame Kürzel, Slogans, Formeln, die als Wunderwaffenworte die Wirklichkeit verändern würden, wenn man sie in der richtigen Weise ausspräche. Von all den umstrittenen Großbegriffen und »essentially contested concepts« ist »Freiheit« vermutlich der am weitesten verbreitete und am heftigsten umstrittene. Als persönliche Empfindung ist Freiheit ein sehr starkes, aber zwangsläufig flüchtiges Gefühl, das man anderen, die es nicht haben, nicht ohne weiteres mitteilen kann. Sehr viel häufiger wird das Wort als Kampfruf und Slogan verwendet: Die Berufung auf die Freiheit soll eine affektive Gemeinschaft stiften, ein Erregungskollektiv. Wenn es um die Freiheit geht, fühlt sich jede und jeder gemeint. Freiheit, schreiben Amlinger und Nachtwey programmatisch am Beginn ihres Buchs »Gekränkte Freiheit«, sei die leitende Imago der Moderne schlechthin; mit ihr entwerfe die moderne Gesellschaft ein Bild von sich selbst.

Freiheit wurde so intensiv genutzt, dass es in den 1970ern

zum unschärfsten all der unscharfen großen Zauberworte geworden war, von den politischen Emanzipationsbewegungen rund um den Globus über das Propagandavokabular des Kalten Kriegs bis in die Popkultur. Die stilisierte den Konsum ihrer eigenen Produkte zum Akt der Befreiung in der ersten Person schlechthin, mit Roger Daltreys Wuschelkopf in *Tommy* von The Who von 1969 als atemloser Verkörperung eines ebenso unendlich großen wie unbestimmten Versprechens. »I'm Free!« – nachdem man das dazugehörige Doppelalbum gekauft hatte, und dann das Ticket für den Kinofilm von 1975.

Dem Dichter und Filmemacher Pier Paolo Pasolini war schon am Beginn der 1970er Jahre aufgefallen, wie sich die alten Hierarchien im wohlhabend gewordenen Italien aufzulösen begannen. Die neuen Freiheiten der engagierten jungen Leute mit den langen Haaren, konstatierte er ernüchtert, hatten aber ihren Preis. Denn sie waren verbunden mit Scham – Scham für die überlieferten Gewohnheiten, die plötzlich altmodisch wirkten; Scham für die eigene provinzielle Herkunft, die in die neuen Spielregeln eleganten weltläufigen Konsums nicht passen wollte, und sogar Scham für die Scham selbst, die die zur Norm gewordene vermeintliche Gleichheit erzeugte.[9]

Das Protesttheater des folgenden Jahrzehnts fand in dieser selbstverständlich gewordenen Verknüpfung von persönlicher wie kollektiver Befreiung durch den Kauf von Platten, Tickets und politischen Aktivismus statt. Im weiten Feld zwischen Pop, Politik und Business gab es Freiheitskämpferinnen und -kämpfer, soweit das Auge reichte. *Sandinista!* hieß das Album von The Clash von 1980, und auf den besetzten Häusern hingen Transparente und Spruchbänder, die »Freiheit für …«

forderten – das konnten einzelne Inhaftierte sein, bestimmte Gruppen (»alle politischen Gefangenen«) oder ganze Länder. Diese wechselten, wichtig war der Bezug auf die Repression, den übermächtigen Feind.

Freiheit ist eines von den ganz lauten Worten, es kommt immer mit eingebautem Ausrufezeichen daher, als Forderung oder Behauptung, in der ersten Person, Singular oder Plural. Wenn von der Freiheit die Rede ist, geht es möglicherweise um entrechtete andere, aber immer mindestens ebenso sehr um die eigene Person, wer man ist und vor allem, wer man sein will. Befreiungsgeschichten sind starker affektiver Lockstoff: Therapeuten – Gurus, Häuptlinge, Führer – erzählen sehr gerne Geschichten von Selbstbefreiung, die nur dank ihnen zustande gekommen seien. Ihre Erzählungen werden leicht zu einem Netz, an dem man kleben bleibt, beschämt und mit der bangen Frage: »Wieso ist es bei mir nicht so?«

Rechtshistoriker wissen, dass der Begriff für Freiheit im römischen Recht, *libertas*, schlicht politische und ökonomische Potenz bedeutete; die Macht, andere zu regieren. (Und zu versklaven.) Freiheit ist nicht unbegrenzt und folgenlos vermehrbar. Georg Kreisler und Barbara Peters haben 1987 das Prinzip schön gereimt in einem Lied auf der Kabarettistenbühne auf den Punkt gebracht. »Meine Freiheit, yes, deine Freiheit, ne / Meine Freiheit ist schon ein paar hundert Jahre alt / Deine Freiheit kommt vielleicht schon bald«.[10]

Jeder Gewinn an Bewegungsfreiheit von vorher Benachteiligten – im öffentlichen städtischen Raum der Fußgängerinnen und Radfahrer; oder der Frauen, Homosexuellen und anderssprachigen Zuwanderer in der politischen Sphäre – wird von den zuvor dominanten Gruppen als Freiheitsverlust empfunden und dementsprechend laut beklagt. Daher die bitteren Klagen der Autofahrer und weißen Mehrheitsmänner über den Verlust ihrer guten alten Zeit.

Denn die Selbststilisierung als Opfer steht natürlich auch denjenigen offen, die früher selbstverständlich alleine im Namen des großen Ganzen die Nation, die Geschichte und die gelehrte Autorität repräsentieren konnten, ohne auf Minderheiten Rücksicht nehmen zu müssen. Sie merken plötzlich, dass sich die Spielregeln geändert haben, und jammern, sie würden zensiert, unterdrückt und am Reden gehindert. Wie andere Varianten von Nostalgie geht auch diese mit dem einher, was die Philosophin Amia Srinivasan in einem Artikel über akademische Redefreiheit in charmantem Understatement »a fair amount of historical amnesia« genannt hat. Man beklagt den Verlust genau jener Vergangenheit, an deren Details man sich nicht erinnern will.[11]

Freiheit ist aber nicht nur ungleich verteilt, sondern hat auch Gewinnungskosten. »Frei« hieß das Buch, das 2021 zum internationalen Überraschungsbestseller wurde. Lea Ypi verknüpfte ihre Familiengeschichte im totalitären Albanien des Enver Hoxa vor 1990 mit ihrer Karriere als Philosophin an der London School of Economics danach. Freiheit, zeigt sie, ist in der Praxis immer ein Katalog von Pflichten, die derart groß und widersprüchlich ausfallen, dass man sie nicht erfüllen kann. Und sich deshalb schuldig fühlt.

Wessen Freiheit wozu ist also jeweils gemeint, wenn das Wort verwendet wird? Ypi lässt in ihrem Buch ziemlich viel weg, zum Beispiel ihre eigene Karriere als elfjähriges literarisches Wunderkind im sozialistischen Albanien und ihre heutige Nähe zum albanischen Ministerpräsidenten, aber darum geht es hier nicht.[12] Freiheit war und ist selbstverständlicher Teil aller möglichen politischen Slogans. Gleichzeitig war sie, so erscheint es mir in der Rückschau, die Chiffre für den heißesten meiner heißen Wünsche in den 1980er Jahren und nachher auch noch, lange. Und der lautete: dienen dürfen. Der großen Sache. Der entscheidenden Einsicht. Der großen Liebe. Und dem gemeinsamen Kampf.

Dieser starke Affekt war durchaus beglückend, aber blöderweise gab es ihn in seiner reinsten und überzeugendsten Form nur in Texten und Filmen. Und manchmal, spätnachts, als Verzückung auf der Tanzfläche, wenn plötzlich alles stimmte. »We're happy to serve«, sang das radikale Londoner Pop-Kollektiv Chumbawamba in den 1990ern, ich fand die großartig und reiste ihren Konzerten hinterher. Aber sie meinten es ironisch. Und heute scheint mir, dass die Militanten der 1980er Jahre am entschlossensten nicht um Freiheit kämpften, auch wenn die Betroffenen das so nannten. Sondern um Bindung. Sie kämpften für ihre dauernde Unterwerfung unter eine unlösbare große Aufgabe. Denn sie wollten keine Verräter sein, genauso wenig wie ich.

Die Lust am Aufgeben

Musste deswegen die eigene Unnachgiebigkeit so beharrlich betont werden, die feste Überzeugung, dass man nie kapitulieren würde? Die strikte Ermahnung zum Durchhalten war unentbehrlich im Reden über die gemeinsamen Empfindungen, von denen hier die Rede war, von Nostalgie und Angstlust bis zu Selbstviktimisierung und Schuldzuschreibung. »Niemals aufgeben!« Solche Ermahnungen kommen gerne in der ersten Person Plural daher. Die ist nur vage bestimmt, denn sie handeln im Wesentlichen von der Person, die sie verkündet und damit vor allem anderen ihre eigene Entschlossenheit vorzeigt.

Für die Bewältigung von Wirklichkeit ist eine solche Beharrlichkeit allerdings häufig nutzlos. In vielen Situationen ist es besser, ein zuvor moralisch gebotenes Verhalten aufzugeben, das sich als unwirksam erwiesen hat, und etwas Neues auszuprobieren. Wer etwas Neues ausprobiert, kann aber gewöhnlich nicht erklären, warum sie oder er das tut. Wer etwas Neues anfängt, gibt dafür das Alte preis. Und gibt auf.

Aufgeben hat einen schlechten Ruf. Man muss sich ein Ende, eine Niederlage und einen Verlust eingestehen. Aufgeben heißt, mich selber aus dem herausnehmen, was ich mir vorher gewünscht hatte oder von dem ich gedacht habe, dass ich es mir wünsche. Aufgeben wird üblicherweise mit Mangel an Mut verbunden, mit unpassendem und peinlichem Verhalten und Verrat – es ist schambesetzt und flößt Abscheu ein. Für das Aufgeben muss ich mich rechtfertigen, im Gegensatz zum Weitermachen. Wenn ich aufgebe, gibt es keine Möglichkeit zur Rückkehr mehr. Ich habe meine Meinung über etwas Intimes und Wichtiges geändert, und damit zerstöre ich es.

Am schönsten und klarsten wird das am Ort der ansteckenden Gefühle schlechthin: im Kino. Der Dokumentarfilm *Les Indes galantes* von 2021 zeigt die Proben für eine Aufführung der Barockoper von Jean-Philippe Rameau aus dem Jahr 1735. Inszeniert wird sie im Paris der Gegenwart mit Tänzerinnen und Tänzern aus den Vororten. Ihre Eltern kommen aus Mali, dem Senegal, Algerien, von den Komoren und aus Brasilien. Sie haben alle möglichen Hautfarben und tanzen im Film mit atemberaubender Eleganz und Präzision, aber eben nicht klassisches Ballett, sondern Hip-Hop, Krump, Break und Voguing.[13] Im Film erklärt der Regisseur ihnen, wie er die Szene zwischen der indigenen Prinzessin und ihrem weißen Geliebten in dem fast dreihundert Jahre alten Operndrama versteht.

»La liberté«, sagt er lakonisch, »c'est la trahison.« Freiheit ist Verrat. Man befreit sich, indem man jemanden oder etwas verrät, dem man vorher verbunden war. »Et c'est passionant«, sagt der Regisseur. Fühlt sich deswegen die eigene Befreiung auch immer ein bißchen wie Verrat an, wie Verrat an etwas, das eigentlich richtig gewesen wäre und das man jetzt kaputt macht? Und zwar mit Absicht. Und weil man es nicht mehr aushält.

Von all den gemischten Empfindungen, von denen dieses Buch handelt, ist das vielleicht die unheimlichste: das Heimgesuchtwerden vom eigenen Begehren nach Aufgeben und Verrat. Aufgeben ist lustvoll, egal, wie verboten oder schambesetzt es ist. Wenn ich aufgebe, gestehe ich mir einen Mangel an Begehren ein. Oder ich suche das Vergnügen am Kaputtmachen. (Gibt es, hat aber einen schlechten Ruf.) Freiheit ist deswegen keine Geschichte. Sie ist keine Dose, sondern ein Loch. Freiheit ist, wenn ich nicht weiß, wie es weitergeht, aber den Verrat begehen darf. Oder muss. Und zwar jetzt gleich.

Das ist jedenfalls meine eigene private Lektion aus den Erfahrungen, die ich in der guten alten Zeit gemacht habe, im Gefühlskino und bei den ansteckenden Empfindungen der militanten Gegenkultur der 1980er. Bewegungsfreiheit ist immer etwas angsteinflößend, weil Verpflichtungen durchaus praktisch sind: Sie sind Abgrenzungen und Schutzschilder und erzeugen Übersicht. Wenn eine vertraute große Aufgabe durch eine neue, unvertraute ersetzt wird, fühlt sich das erst einmal verstörend an. Ob sie lösbar ist, weiß man auch noch nicht.

Freiheit kann deswegen nichts anderes sein als die Freiheit zum Aufgeben – also dazu, den Plan ändern zu können, oder aufzuschieben, nicht zu müssen, sich nicht entscheiden zu müssen. Sonst ist sie keine. Freiheit ist die Möglichkeit, dem Unerwarteten nachgeben zu können. Freiheit merkt man deswegen an der eigenen Ratlosigkeit. Freiheit ist aber auch, deswegen niemandem Vorwürfe zu machen. Wenn ich etwas falsch mache, war *ich* es: Das ist nicht immer lustig, aber das halte ich aus.

Reden über die Freiheit zum Aufgeben und zum Verrat ist natürlich auch Reden über die eigene Scham; die Scham darüber, dass der eigene Glaube an das große Projekt – der politische Kampf, das eigene Kollektiv, die eigene Liebesgeschichte – plötzlich weg ist und auch nicht mehr wiederkommen wird. Die lautstarke Beschwörung der Schuld der wankelmütigen, unzuverlässigen oder korrumpierten anderen soll diese Scham verschwinden lassen und auflösen. Nur funktioniert das leider nicht. Es wird gar nichts anders dadurch, und eigene Scham bleibt einem auch, nur noch schärfer und ranziger.

Wer aber laut eingesteht, dass er aufgibt und sich dafür schämt, verändert damit etwas. Das Eingestehen der eigenen Machtlosigkeit ist Niederlage und gleichzeitig Befreiung aus der selbstgemachten Zange. Denn die Verlustangst ist eigentümlicherweise dann am stärksten, wenn die Intensität schon weg ist und die Intimität des Vertrauten einen darüber hinwegtrösten soll – und es nicht mehr kann. Man befürchtet den Verlust, nachdem er eingetreten ist. Oh, Mist.

Erinnern sie sich noch an das böse Wort vom Anfang, lusch? Hier ist es um lusche Gefühle gegangen, von *louche* für zweideutig und unklar und *faire loucher quelqu'un*: jemanden unzufrieden machen. Am Ende lande ich bei einem, das ganz ähnlich klingt. Lasch. Auch kein nettes Wort. Und auch aus dem Französischen, von *lâche*: locker (bei Gewebe), lose, feige. Ein Verb ist es auch: *lâcher* heißt losmachen, loslassen, etwas laufen, fliegen oder fallen lassen. Und ein Geheimnis verraten: *La parole est lâchee*. Nun ist es heraus.

Niemand will lasch sein. Und niemand kann sich das eigene Leben vorstellen ohne den Wunsch, es zu verbessern; ohne selbstgemachte Mythen von der eigenen Befreiung, von der eigenen Selbstbestimmung, vom Fortschritt durch Unterwerfung unter eine große gemeinsame Aufgabe. Diese Erzählungen prägen einen beträchtlichen Teil dessen, was wir tun und anstreben. Ohne solche Wunschobjekte hätte ich seit den

1980ern ohnehin nicht gewusst, was ich mit mir eigentlich anstellen soll. Sie hatten allerdings die Tendenz, einen einzusaugen in ein Labyrinth aus endlosen Pflichten und Zwängen, und deswegen musste man sie irgendwann auch wieder loswerden.

Lâcher, das Losmachen, Lose-Werden und die Auflösung der Verhältnisse kommt gewöhnlich unerwartet, von der Seite, aus den Kulissen, und bringt alles durcheinander. Die Lösung ist eine Zumutung, aber sie erlöst einen. Denn Freiheit ist natürlich auch, dass einem etwas egal ist. Wer dauernd von der eigenen Freiheit redet, kann sie offenbar nicht realisieren. Das demonstrative laute Freiheits-Trompeten, das Selbständigkeit und Souveränität beweisen soll, zeigt also vermutlich nichts anderes als den Mangel an eigenen Gestaltungsmöglichkeiten. Und an Phantasie, und das umso deutlicher, je wütender es ausfällt. Freiheit, wenn der Begriff überhaupt etwas heißt, ist das Abstreifen von Ängsten – vor Bestrafung, Schuld, Verlust und vor allem davor, etwas zu versäumen. Denn wer frei ist, als glücklicher Verräter, hat Zeit.

7. Am Schluss: Empfindungen, endlos vermehrt

»Écrire, c'est ça aussi, sans doute,
c'est effacer. Remplacer.«
Marguerite Duras: »Emily L« (1987)

Die Gefühle, von denen in den vorangegangenen Kapiteln die Rede gewesen ist, sind nicht angenehm. Der Stolz auf das eigene Opfersein, die Schuldzuweisung an andere, die Peinlichkeit und die Angstlust funktionieren als affektive Regimes und psychische Werkzeuge derartig gut, dass sie diejenigen, die sie benutzen, irgendwann selbst kapern, programmieren und regieren.

Auf dieselbe Weise wirkt auch der Wunsch nach Rückkehr in die gute alte Zeit, mit dem ich begonnen habe, die Nostalgie nach einer Epoche, in der vermeintlich alles besser, intakter und übersichtlicher gewesen sei. Wie die eigene besorgniserregende Gegenwart ist auch diese gute alte Zeit nicht einfach immer schon da gewesen, echt und ganz sie selbst. Sie ist das Ergebnis der nachträglichen Arbeit von Spezialisten, die erst all die Details synchronisieren und die Gegenwart dehnen, um das Material von früher – die gute alte Zeit ebenso wie ihr notwendiges Gegenstück, die böse alte Zeit und das Leiden anderer Leute – wieder in das momentane Erleben des Publikums hinein zu verlagern und es dort erscheinen zu lassen. Deswegen gebraucht die Nostalgie als Beschwörung von Verlust, Besorgnis und unmittelbarer Bedrohung so innig und häufig große abstrakte Worte. Wie in »Autonomie« und »Freiheit« kann man auch in »Verantwortung«, »Gedächtnis«, »Solidarität« und »Liebe« je nach Kontext alles Mögliche hineinfüllen. Es sind leere Behälter. Begriffskonservendosen.

Ihr persönliches Lieblingszitat, hat mir eine Freundin erzählt, stamme von der österreichischen Dichterin Elfriede Gerstl: »Mehr als da ist, gibt es nicht.« Es sei denn, fuhr sie fort, man fürchte sich, fühle sich als Opfer und gebe anderen daran die Schuld. Denn damit habe man eine Wunderwaffe zur endlosen Vermehrung von allem, vorzugsweise der eigenen psychischen Zustände. »Mein Ex war so«, sagte sie lachend, »der war der Angstmeister – immer unterwegs von einem großen Bedrohungsszenario zum nächsten. Auf seinem Grabstein wird eingraviert sein: ›Ich hab' es euch doch immer gesagt.‹«

Das ist das Prinzip Diva, das gibt es nämlich nicht nur in der weiblichen Variante. Die eigenen Selbstzweifel und Befürchtungen werden dabei entschlossen zu dem hochgefahren, in das sich jede Art Angst, Schuld und Mangel wie von selbst verwandelt, wenn sie nur laut verkündet wird: eine Forderung an die so adressierten lieben Nächsten. Damit lässt sich nämlich das definitive Mehr-als-da-Ist erschaffen: riesige hallende Hohlräume und unermesslich große innere Territorien, in denen man schrecklich leidet, aber regiert.

Deswegen ist es auch so verlockend, das eigene Gefühlskino samt dem eigenen Unwohlsein daran anderen überzustülpen. »Fear is a teacher«, hat der amerikanische Dichter

Robert Hass geschrieben. Das ist ein sehr cooles Zitat, aber leider falsch. Denn meine Angst mag noch so würgend und unmittelbar sein. Nur verschafft sie mir keine neuen Informationen, sondern hält mich in der Wiederholungsschleife. Deswegen ist Vergnügen wahrscheinlich der bessere Lehrer; und Schmerz leider auch, weil beides einen in Bewegung versetzt.

Lektionen

Ich habe dieses Buch mit den aktuellen Befunden der Gegenwart als unübersichtlicher Spätzeit begonnen, als ein Panoptikum immer furchterregenderer Bedrohungen, ständig zunehmender Beschleunigung und ebenfalls unabsehbar wachsender kollektiver Versäumnisse. Jeder dieser Befunde beruft sich auf eine vermeintlich kontrolliertere Vergangenheit als Vergleichsmaßstab, die aber eigenartig unscharf bleibt. Wann hat sie denn stattgefunden, die gute alte Zeit stabiler Verhältnisse? Und wie hat sie sich angefühlt, damals vor drei, vier, fünf Jahrzehnten?

Mein Blick zurück ans Ende der 1970er und den Beginn der 1980er Jahre ist notwendigerweise persönlich geraten. Ich bin kein zuverlässigerer Zeitzeuge als andere, im Gegenteil: Aus sicherer Entfernung betrachtet, erscheinen mir die damaligen kollektiven Empfindungen von Untergangsfurcht und Erlösungswünschen ziemlich rätselhaft und erklärungsbedürftig. Science-Fiction-Szenarien und Indianerromantik, antifaschistischer Widerstand und krachende Avantgarde-Musik gingen dabei eklektische Mischungen ein. Bei diesen *reenactments* der zukünftigen Kämpfe von früher wechselten die Teilnehmer der Trachtengruppe selbst zwischen bitterem Ernst und Selbstironie; revolutionärem Pathos, demonstrativer Coolness und karnevalesker Übertreibung. Sie waren Hauptdarsteller und kapriziöse fordernde Diven in ihrem eigenen Gefühlskino.

Gelernt habe ich aus meinem Ausflug in die Vergangenheit von vor fünfunddreißig oder vierzig Jahren erst einmal, dass sie mir sehr fremd vorkommt. Sie riecht auch ein bisschen muffig, und nicht nur in Form ihrer materiellen Überreste, des Kartons mit alten Briefen, Broschüren und Flugblättern, der so lange auf meinen Dachböden und in Kellern herumgestanden hat. Gelernt habe ich, dass das Prahlen mit der eigenen Verweigerung und das Fuchteln mit der eigenen Tugendhaftigkeit sehr viel Spaß machte und hervorragend geeignet war für die eigene Selbstinszenierung. Nur hat beides erhebliche kognitive Kosten – man wird nicht gescheiter davon. Es ist kein Zeichen für Klugheit, alle anderen für Idioten zu halten. Und es ist auch kein Zeichen für Tugendhaftigkeit, alle anderen für verderbt und korrupt zu erklären.

Je lauter und schärfer die dramatischen Gesten der Abgrenzung ausfielen, auch das wird im Nachhinein unübersehbar, desto stärker blieben die Aktivisten und Aktivistinnen angeklebt an das, was sie doch eigentlich loswerden und überwinden wollten – den Staat, die Medien und ihre eigenen internen Hackordnungen. Mit der Berufung auf das subjektive Empfinden ließ sich aber genau das zum Verschwinden bringen. Die emphatische Berufung auf die eigenen Gefühle war starker sozialer Klebstoff und gleichzeitig die Bestätigung, im Recht zu sein. Wenn alle dasselbe fühlten, konnte man damit nicht falschliegen. Man musste, angenehmer Nebeneffekt, auch nicht persönlich die Verantwortung für die Resultate der gemeinsamer Aktionen übernehmen, wenn alle von ihrer Notwendigkeit vollständig überzeugt waren. Kam deswegen das Beharren auf lustvoller Subjektivität so häufig als verbissene Anweisungsprosa daher?

Angstlust und Weltuntergangsszenarios, Selbstviktimisierung und das Vergnügen an der Schuld der anderen prägen auch heute die politischen Debatten. Die Elemente des kollektiven Gefühlskinos der 1980er Jahre haben bis heute nichts von ihrer Wirksamkeit eingebüßt. An die Stelle der Indianer als Identifikationsfiguren der Alternativbewegung ist im 21. Jahrhundert die Berufung auf die Opfer des Kolonialismus getreten, die Identifikation mit Unterdrückten und Versklavten vor allem in den Amerikas – die Sprachregeln sind unübersehbar an US-amerikanischen akademischen Debatten orientiert. Sie liefern auch die Wunderwaffenworte.[1] Der Federschmuck ist allerdings verschwunden. Als Erkennungszeichen ist er durch die Berufung auf Hautfarbe ersetzt worden – »of colour«. Wie bei der Erinnerung an den Genozid an den amerikanischen Indigenen werden damit die Gewaltsysteme der Vergangenheit heraufbeschworen, bei denen man aber diesmal auf der richtigen Seite steht und mit der Stimme der Unterdrückten spricht. Es ist ein gemeinsames Gefühl von Erniedrigung und Wiedergutmachung. Diese Selbstdarstellungsstrategie heißt heute Erinnerungsprotest – die subjektive Identifikation mit Opfern von Unrecht in der Vergangenheit als Selbstermächtigung.[2]

Politische Positionierungen werden dabei eine Art Wettbewerb im Stellen von möglichst umfangreichen Forderungen, mit der Unerfüllbarkeit als Waffe im Kampf um Aufmerksamkeit: Autorität qua fiktiver Inkorporierung der Opfer. Aber Opfersein, hat die feministische Kulturwissenschaftlerin Jacqueline Rose formuliert, bezeichne eine Situation, keine Identität. »We need to be endlessly vigilant in not allowing victimhood to become who we are.« Woher, fragt sie weiter, stamme denn die eigene Überzeugung, dass sich in Situationen politischen Unrechts moralische Tugenden und Rechtschaffenheit automatisch auf der Seite der Unterdrückten akkumulierten?[3]

In der akademischen Welt folgen nach dem Satz, dass man die üblichen Kategorien in Frage stellen müsste, leider nur selten neue Konzepte, sondern gewöhnlich der Verweis auf Traditionen von weiblichem, queerem und antikolonialem Widerstand und »agency«. Das ist ehrenwert. Als Historiker fällt mir aber auf, dass dabei etwas fehlt und buchstäblich unaussprechlich wird, nämlich die Geschichte von Kollaboration, Denunziation und der Mitarbeit eines Teils der Unterdrückten an ihrer eigenen Unterdrückung, ohne die man die Strukturen in der Vergangenheit nicht beschreiben kann. Die Opfer von Unrecht und Gewalt wurden dadurch nicht zu Verkörperungen moralischer Tugenden. Die Indigenen in den Amerikas haben sich in internen Konflikten mit europäischen Eroberern verbündet und sie zu instrumentalisieren versucht. Der transatlantische Sklavenhandel beruhte auch auf der Bereitschaft afrikanischer Fürsten, feindliche Landsleute an die Sklavenhändler zu verkaufen.[4]

Eine Auseinandersetzung damit bietet erst einmal keine

verlockenden Identifikationsangebote, im Gegenteil. Dafür produziert sie unerwartete neue Informationen – oder anders gesagt, eine Vergangenheit jenseits von gut und böse. Die finde ich interessanter als nachträglich vereinfachte Geschichtsdramen, die starke Gefühle persönlicher Identifikation mit den Opfern von früher erlaubt.

Angst, Selbstviktimisierung und Klagen über Verlust sind natürlich Superkräfte, mit denen man immer gewinnt. Aber nur im Gefühlskino und im Melodram (oder der Oper) im eigenen Kopf, nirgendwo sonst. Man hat auch nichts davon. Als Opfer und Gekränkter definiere ich mich durch das, was mir in der Vergangenheit angetan oder vorenthalten worden ist. Ich versuche, meinen Ausschluss mit dem Ausschluss derer zu beantworten, die ich dafür verantwortlich mache. Blöderweise bindet mich dieser heiße Wunsch nach Wiedergutmachung auf ewig an das, was mir angetan worden ist.

Was habe ich also gelernt? Vierzig Jahre danach scheint mir zunehmend fragwürdig, ob die deutsche Alternativkultur und ihr damals vermeintlich großzügig bemessener sozialer Freiraum für Experimente wirklich existiert hat. Möglicherweise war sie nur eine perspektivische Illusion von ohnehin mehr oder weniger privilegierten und beschützten Bürgerkindern. Als Autosuggestion war das allerdings sehr erfolgreich. Könnte es sein, dass der Traum von der Gegenkultur nur als Fiktion reale Konsequenzen gehabt hat?

Einen »Stich ins Herz« nennt der charismatische Werber in der zu Beginn beschriebenen Szene der Fernsehserie *Mad Men* die nostalgische Sehnsucht als Zeitmaschine, deren Macht er so verlockend und bittersüß beschwört: Ein Karussell, das sich endlos um sich selbst dreht. Nostalgie ist aber kein Gegenstand, sondern ein Verkaufstrick für etwas, das eben nicht zu haben ist. Deswegen ist Nostalgie in jeder Form grundiert mit Bitterkeit und Mangel, und der hat nichts mit den realen, verschwundenen Dingen, Institutionen und Freiräumen von früher zu tun.

Diesen Mangel haben die konservativen Bewahrer der Heimat mit den Kämpferinnen und Kämpfern für die Freiheit auf der anderen Seite gemeinsam: Wer den Verlust der guten alten Zeit und all des Echten und Richtigen von früher derartig laut und innig beklagt, hat diese guten alten Zeiten entweder nie erlebt oder nicht genossen. Diesen Genuss spendieren sich die nostalgischen Trauernden dafür jetzt, in jener Wunderwelt der Nachträglichkeit, in der man für immer recht behält.

Der deutsche Dichter Lutz Seiler, Jahrgang 1963 und in der DDR aufgewachsen, hat dafür eine schöne ironische Formel gefunden. »Unsere Eltern sollen es einmal besser haben.«[5] Diesen Kinderwunsch lässt die innige Beschwörung der vermeintlich heileren Zustände von gestern nämlich in Erfüllung gehen. Nur eben in der Vergangenheitsform; und leider haben weder die Eltern noch man selbst etwas davon. Dafür macht der ununterbrochene Abgleich des miserablen Jetzt mit dem Allerbesten von früher aus der Gegenwart eine Art Strafzelle: Verhaftung und Verurteilung zur Trauerarbeit für eine Zukunft, die immer nur als unerfüllbar große Aufgabe existiert hat.

Meine Reise zurück in die abgedunkelten Räume der 1980er hat mir schließlich etwas über meine Sehnsüchte beigebracht. Das eigene Begehren ist der blinde Fleck, ein brennendes weißes Loch, die Blendung mitten in dem, was ich sehe –

der Glanz. Es braucht aber nur eine winzige Verschiebung der Lichtquelle oder der eigenen Position, und schon ist der wieder weg. Dafür leuchtet etwas anderes auf ähnlich bezaubernde Weise auf, um dann wieder zu erlöschen.

So ist Kino eben. Wenn ich meine eigenen Gefühlszuspitzungen als selbstgemachte Filme im Kopf beschreibe, komme ich an ihre Wirkungen ziemlich nah dran; und sie verändern sich dabei. Freiheit, habe ich außerdem gelernt (und muss es immer wieder neu lernen), ist Unkontrollierbarkeit. Sonst ist sie keine. Deswegen ist sie in der Theorie sehr verlockend, praktisch erlebt aber eher furchteinflößend, und aus gutem Grund.

Und die starken Empfindungen, die wilde Subjektivität? 1989 erschien in einem Berliner Verlag ein gelehrter Sammelband, dessen Titel – »Transfigurationen des Körpers. Die Spuren der Gewalt in der Geschichte« – gleich mehrere der großen intellektuellen Reizworte dieser Jahre bündelte, als Lockstoff. Im Kapitel »Vexierbilder« findet sich ein Essay des Literaturwissenschaftlers Gert Mattenklott. Er heißt: »Über Geilheit. Eine Erinnerung«.

Reisende, schreibt er dort, bräuchten ein gutes Gedächtnis. Wer immerzu Abschied nehme, müsse das Erinnern lernen. »Wer waren wir gestern?« Dann stellt er subtile Überlegungen zur Synästhetik des sinnlichen Begehrens an, zu Tabuisierung und Geschlechterrollen in der Literatur des 18. und 19. Jahrhunderts und zur Verschränkung von Angst und Faszination im ansteckenden Reden über Affekte; bevor er am Schluss etwas abrupt zurückbeamt ins Jahr 1989 und mit einem Satz endet, den man auf ganz unterschiedliche Weise lesen kann.

»Jeder wird dann sagen dürfen, kaum einer mehr noch meinen: Mein Gott, war das damals geil.«[6]

Was wollte er wohl damit sagen? Geil ist auf jeden Fall ein gemischtes Gefühl, im besten Fall auch ansteckend. Als Formel für starke Affekte aber hat das Wort seither deutliche Abnutzungsspuren hinnehmen müssen. Das Adjektiv »endgeil« ist wahrscheinlich auch ein spätes Vermächtnis der 1980er und ihrer narzisstischen Inszenierungen von Angstlust am Weltuntergang, vom Spektakel und der ebenso narzisstischen Selbstdarstellung als souveräne Mehrgenießer. Heute verwendet meine Teenagertochter das Wort unbeschwert für besonders schmackhafte Desserts.

Fado

Deswegen muss dieses Buch auch mit dem Vergnügen aufhören, nach all den großen düsteren Affekten und ihren klebrigen Wirkungen. Die Vorstellung, dass die Suche nach dem immer größeren Vergnügen, das Lustprinzip, immer täusche, ist selber ein Lustprinzip. Die Suche nach größeren und intensiveren Vergnügen, dem die Bettelordensprediger des Verzichts und die demonstrativ Leidenden so selbstverständlich Unwiderstehlichkeit und universelle Durchschlagskraft unterstellen, ist in der Praxis eine fragile und ziemlich komplizierte Angelegenheit.

Ich wenigstens brauche ziemlich viel Aufmerksamkeit,

Konzentration und Selbstdisziplin für meine Lüste. Wer zwischen rotierenden Himmelskörpern mit starken Anziehungskräften eine stabile Umlaufbahn einnehmen möchte, weiß die Astronomie, muss den Lagrange-Punkt finden: die Position, auf der sich die widerstrebenden Gravitionskräfte gegenseitig aufheben. In diesem schwerelosen Schwebezustand des Vergnügens landet man aber nicht von selbst. Es braucht ziemlich viel Konzentration, Zeit und Treibstoff dafür. Oder soll ich Arbeit sagen?

So richtig funktioniert das alles aber ohnehin nur im Weltraum, oder in der Theorie. In der Praxis reichen Vergnügen und Selbstkontrolle leider nicht so weit, wenigstens bei mir. Mehr Selbstkontrolle macht mich einfach besser im Kontrollieren, aber sonst in gar nichts. »Never be embarrassed by something you like«, hat mir einmal eine amerikanische Freundin gesagt, die ich sehr bewunderte, und den Spruch auch. Leider konnte ich das nicht. Ich war immer verlegen, wenn ich etwas sehr mochte; eben weil ich es so mochte. Das Reden von den eigenen Empfindungen als etwas, was man habe, ist schlechte Tarnung dafür, dass es in der Wirklichkeit ja genau umgekehrt ist. Meine Gefühle haben mich.

Das Wort *fado* für die melancholische portugiesische Musik kommt von lateinisch *fatum*, Schicksal. Wir Wiener sagen *fad* dazu. Bei dramatischen Ereignissen stelle ich mir immer vor, es gäbe hinterher eine Revanche, einen Ausgleich und am Schluss eine Belohnung für die Guten – wie im Film eben, Gefühlskino. Erfolgt aber nicht. Das Wirkliche ist das Unfertige, leicht Langweilige, und dauerhaft Schiefe; eine unordentliche Vergangenheit, die man nicht wieder aufräumen kann.

Besser, man nimmt das nicht persönlich. Die Nebennierenhormone Adrenalin und Noradrenalin, die so starke Empfindungen und körperliche Reaktionen in mir auslösen – Angst und Wut, Verzweiflung und Attacke –, lassen sich neunzig Sekunden nach ihrer Ausschüttung nicht mehr im Blut nachweisen, sie verschwinden. Alles, das danach kommt, erzeuge ich selber, mit Hilfe der Wunschmaschine in meinem Kopf. Wenn aber nichts von früher wiederkommen kann und alle Idyllen und Glücksmomente verschwunden sind, für immer (und die Beklemmungen und Schrecken auch), dann bin ich in Sicherheit, und es gibt nur das Jetzt, dieses Frühstück, dieses Glas Tee. Dann gibt es auch keine Schuld und keine unzureichenden Anstrengungen, sie wiedergutzumachen. Das sind Erinnerungen, und die sind eben nicht die Wirklichkeit von früher, sondern Schemen und Schemata, verblasste Ferienfotos aus einem klackernden Diaprojektor. Nur dass der sich in diesem Fall im eigenen Kopf befindet und man ihn selbst bedient: So wie ich es mir im Nachhinein ausmale, so wird es gewesen sein.

Das ist ein einigermaßen verstörender Gedanke, weil ich an die Gegenwart der nostalgischen Beschwörungen des Verlorenen so sehr gewöhnt bin. Gewöhnt bin ich außerdem an die damit beschriebene Schuld, vor allem die der anderen Leute, und an die dazugehörigen »So-war-es-früher«-Erklärungen, mein inneres Wohnzimmer war damit üppig dekoriert. Und das ist jetzt plötzlich sonnig, weiß und leer. Die Welt könne offensichtlich nicht gerettet werden, hat Roberto Bolaño irgendwo geschrieben, und einen merkwürdigen, leicht bedrohlichen Halbsatz hinzugefügt: »Und das ist unser Glück.«

Meine Leserin protestiert. Was ist mit Erinnerungen und ihren Rückwirkungen? Reine Gegenwärtigkeit habe doch auch etwas extrem Unbarmherziges an sich.

Aber ich will nirgendwohin zurück. Und schon gar nicht in die Vergangenheit. Dort war es teilweise sehr schön, teilweise aber gar nicht schön, und vor allem will ich nicht noch mehr davon. Wir hören ja auch nicht mehr den ganzen Tag Sisters of Mercy, The Smiths und The Clash. Die waren damals okay, und jetzt sind sie ... na ja, es gibt Frisches. Und Aufregenderes.

Die Moderne – samt Spätmoderne – ist einer von den emphatischen Großbegriffen, von denen hier so ausführlich die Rede gewesen ist, wie Autonomie, Liebe und Freiheit. Eine Superformel, eine sehr geräumige Dose. In der verflüssigten Moderne, hatte der Soziologe Zygmunt Baumann am Beginn des Jahrtausends noch geschrieben, würden dem Einzelnen »alle nur erdenklichen Freiheiten, alle Freiheiten, auf die er gehofft hatte, gewährt«.[7] Wenn ich den einschlägigen neuen Publikationen trauen darf, ist sie leider am Ausgang der 1970er Jahre zu Ende gegangen – davon war zu Beginn ja ausführlich die Rede. Die Spätmoderne dagegen, so soziologische Zeitdiagnostiker wie Hartmut Rosa und Andreas Reckwitz, sei anders: beschleunigt, flüchtig, auf permanente Differenzierung angelegt und deswegen so fragil, dominiert von immer neuem Verlust. Angesichts immer dramatischerer und allgegenwärtiger Krisenbefunde hat Reckwitz 2021 sogar vermutet, dass eine neue Epoche anbreche, die er vorläufig als »Postspätmoderne« bezeichnen möchte.[8]

Aber wenn wirklich der Verlust das Kennzeichen der Spätmoderne ist, in Europa, in der wohlhabenden Bundesrepublik Deutschland und in der noch wohlhabenderen Schweiz ganz besonders, der unwiderrufliche, schmerzliche Verlust: Wie sieht das dann vom Libanon oder von Sri Lanka gesehen aus, deren Wirtschaft von korrupten Eliten ruiniert worden ist, oder aus der Sicht der Bewohnerinnen und Einwohner von Mossul, Gaza oder Charkiw? Das Beharren auf den eigenen Empfindungen von Verlust ist dann nämlich eine selbstgegebene Erlaubnis zum Ignorieren; ein praktisches Instrument, die Verhältnisse anderswo schlicht nicht zur Kenntnis nehmen zu dürfen.

Ich möchte nicht das Leiden anderer Leute für mein Argument instrumentalisieren. Außerdem war ich selber schon dort. Nicht in Mossul oder Charkiw, sondern am Ende der Moderne. Am nördlichen Ende des Departments Haut-Rhin fließt der Fluss La Moder, und an ihm liegt das Dorf Obermodern. Das Modern und die Moderne verschmelzen in seinem Namen. Es war schön dort, wenn auch sehr heiß an diesem Sommertag. Wir radelten den Fluss hinunter Richtung Haguenau, dann kommt Niedermodern. Spätmodern war nirgends zu finden. Noch ein paar Kilometer weiter mündet der Fluss in den Rhein. Wir bogen ab und radelten wieder hinauf in die Hügel, in Richtung Abendessen und zwei Gläser kalten Weißwein.

Redaktionelles und Dank

Teile des Kapitels 1 sind unter dem Titel »Hier bleiben« im Herbst 2022 auf der Website der Kulturstiftung Frankfurt erschienen; Ausschnitte aus den Kapiteln 2 und 3 im Juni und im November 2022 im *Merkur*.

Nostalgie, weiß ich jetzt, ist ein klackender Diaprojektor. Es war nicht ganz einfach, in dem abgedunkelten Raum, in dem meine Erinnerungsbilder aus den 1980er Jahren plötzlich aufzuleuchten begannen, die Orientierung zu behalten. Im Gegensatz zur Fernsehserie ist in der Wirklichkeit das entscheidende Bild immer erst einmal seitenverkehrt oder steht auf dem Kopf, und man selbst merkt es nicht, wenn man nicht Don Draper ist. Ich möchte mich deswegen bedanken für Kritik, Hinweise, Ermutigungen und klärende Gespräche, vor allem bei Andreas Bernard, Michael Blatter, Jan Feddersen, Philipp Felsch und den Teilnehmerinnen und Teilnehmern in seinem Kolloquium, Nils Güttler, David Hesse, Tanja Hommen, Joseph Imorde, Xiane Kangela, Vaios Karavas, D. L., Nils Minkmar, Julian Müller, Monika Rinck, Andrea Roedig, Daniel Speich, Henning Trüper und Michael Wildt.

Widmen möchte ich dieses Buch aber auch den anderen Freundinnen und Freunden, mit denen mich einmal sehr viel verbunden hat, die ich aber in den letzten Jahrzehnten aus den Augen verloren habe; die verlorengegangen sind, entfremdet, gekränkt, verstummt oder unbekannt verzogen. Sie sind weg und trotzdem da: Schatten in den Reihen vor und hinter mir im Kino. Ich hoffe, es geht ihnen gut.

Anmerkungen

Intro

1 Eine kleine Gedenktafel für Sare ist an der Fassade des ehemaligen Jugendzentrums Bockenheim angebracht, in dessen Vorstand er tätig war. Zu den Toten an der Startbahn siehe Wolf Wetzel: Tödliche Schüsse, Münster 2008, und die umfangreiche Bibliographie auf https://de.wikipedia.org/wiki/Tötungsdelikte_an_der_Startbahn_West (aufgerufen am 1. Dezember 2023).

2 https://nl.wikipedia.org/wiki/Hans_Kok_(kraker), aufgerufen am 5. August 2023. Zur Selbstverbrennung von Silvia Zimmermann und weiteren Todesfällen im Zusammenhang mit den Zürcher Unruhen der 1980er Jahre siehe den Film von Richard Dindo: *Dani, Michi, Renato & Max*, Schweiz 1987, https://www.richarddindo.ch/dani-michi-renato-max, aufgerufen am 9. August 2023.

1. *Es wird immer später*

1 Carolin Amlinger und Oliver Nachtwey: Gekränkte Freiheit. Aspekte des libertären Autoritarismus, Frankfurt am Main 2022, S. 15.

2 Jean-Luc Nancy: Die fragile Haut der Welt (franz. Original Paris 2020), München 2021, S. 9.

3 Andreas Reckwitz: Auf dem Weg zu einer Soziologie des Verlusts, in: *soziopolis*, 6. Mai 2021; ders.: Verlust und Moderne eine Kartierung, in: *Merkur*, Heft 872, Januar 2020, S. 5–21.

4 Bernard Stiegler: The Age of Disruption, Cambridge 2019.

5 Frank Bösch: 1979. Als die Welt von heute begann, München 2019; Philipp Sarasin: 1977. Eine kurze Geschichte der Gegenwart, Frankfurt/M. 2021.

6 Im Japanischen gibt es einen Ausdruck für die literarische Andeutung, yojô: »Das Gefühl, das darüber hinausgeht« – nämlich über das, was wörtlich gesagt wird. Das trifft es ziemlich genau.

7 Manuel Borutta und Nina Verheyen (Hg.): Die Präsenz der Gefühle. Männlichkeit und Emotion in der Moderne, Bielefeld 2010; Ute Frevert u.a. (Hg.): Gefühlswissen, Frankfurt am Main 2011; Ute Frevert u.a. (Hg.): Die Bildung der Gefühle, Wiesbaden 2012; Monique Scheer: Topografien des Gefühls, in: Frevert u.a.: Gefühlswissen; Jan Plamper: Geschichte und Gefühl. Grundlagen der Emotionsgeschichte, Berlin 2012. Vgl. bereits Joachim Radkau: Das nervöse Zeitalter, München 1998; Barbara Rosenwein: Worrying about Emotions in History, in: *American Historical Review* 107 (2002), S. 821–845; Frank Bösch und Manuel Borutta (Hg.): Die Massen bewegen. Emotionen und Medien in der Moderne, Frankfurt am Main 2006; Michael Laffan und Max Weiss (Hg.): Facing Fear. The History of an Emotion in Global Perspective, Pennsylvania 2012; Joanna Bourke: Fear. A Cultural History, London 2005; Martin Hartmann: Gefühle. Wie Wissenschaften sie erklären, Frankfurt am Main 2005; Eva Illouz: Gefühle im Zeitalter des Kapitalismus, Frankfurt am Main 2006.

8 Adam Phillips: On Getting Better, Harmondsworth/London 2021, S. 35–66.

9 Gregory Seigworth und Melissa Gregg: An Inventory of Shimmers, in: dies. (Hg.): The Affect Theory Reader, Durham/London 2010, S. 1–25, vor allem 7f. und 10f.; Lauren Berlant: Desire/Love, New York 2012, S. 9; dies. (Hg.): Compassion. The Culture and Politics of An Emotion, London 2004; dies.: The Female Complaint. The Unfinished Business of Sentimentality in American Culture, New York 2008; dies.: Cruel Optimism, New York 2012.

10 Zu den verschiedenen Modellen dieser Übertragbarkeit bei Psychologen und Philosophen siehe den Überblick bei Sara Ahmed: Happy Objects, in: Melissa Gregg und Gregory Seigworth (Hg.): The Affect Theory Reader, Durkam / London 2010, S. 29–49.

11 Dazu jetzt Matthias Bormuth: Zur Situation der Couchecke. Martin Warnke in seiner Zeit, Berlin 2022.

12 Barbara Cassin: Nostalgie. Wann sind wir wirklich zuhause? Berlin 2021, S. 18–20; Karl Jaspers: Heimweh und Verbrechen, Diss.med. Heidelberg 1909.

13 Peter Fritzsche: Specters of History. On Nostalgia, Exile and Modernity, in: *American Historical Review* 106 (2001), S. 1587–1618, und ausführlicher in ders.: Stranded in the Present. Modern Time and the Melancholy of History, Cambridge / Mass. 2004.

14 Zygmunt Baumann: Retrotopia, Berlin 2017.

15 Cassin, Nostalgie, S. 57.

16 Wolfgang Kemp: Der Oligarch, Springe 2016.

17 Mark Fisher: What is Hauntology? In: *Film Quarterly* 66 (2012), S. 16–24, wiederabgedruckt in: ders.: Ghosts in My Life: Writings On Depression, Hauntology and Lost Futures, London 2014.

18 Susan Sontag: Über Fotografie, München / Wien 1978, Neuauflage 2002, S. 73 und 166.

19 Woody Allen: My Speech To The Graduates, in: *New York Times*, 10. August 1979. Danke für diesen Hinweis an Michele Luminati.

2. *Angstlust*

1 Susanne Schregel: Konjunktur der Angst. »Politik der Subjektivität« und neue Friedensbewegung, 1979–1983, in: Bernd Greiner u. a. (Hg.), Angst im Kalten Krieg, Hamburg 2009, S. 495–520. Instruktiv zu den Mechanismen des Genres Hans

Magnus Enzensberger: Zwei Randbemerkungen zum Weltuntergang, in: Ders.: Politische Brosamen. Frankfurt a. M. 1982, S. 225–236, und Mike Davis: Ecology of Fear. Los Angeles and the Imagination of Desaster, New York 1998. Einen methodischen Überblick liefern die Beiträge bei Lars Koch (Hg.): Angst. Ein methodologisches Handbuch, Stuttgart/Weimar 2013, darin Thomas Anz: Angstlust (S. 206–216) und Petra Tallfuss-Koch: Endzeiterwartung, S. 297–309; zu aktuellen Filmen zuletzt Elisabeth Bronfen: Angesteckt! Zeitgemässes zu Pandemie und Kultur, Zürich 2021.

2 Philipp Felsch: Der lange Sommer der Theorie. Geschichte einer Revolte 1960–1990, München 2015, S. 153 f. Zu Selbstdarstellung und Außenwahrnehmung der militanten Autonomen lesenswert Sven Reichardt: Authentizität und Gemeinschaft. Linksalternatives Leben in den 70er und frühen 80er Jahren, Frankfurt am Main 2014, S. 557–571.

3 Aufschlussreich als Zeitzeugnisse Matthias Horx: Es geht voran! Ein Ernstfall-Roman, Berlin 1982, und Jörg Schröder: Cosmic, Berlin 1982; siehe auch die Materialsammlung »No Future/Apokalypsen« in Max Stadler u. a. (Hg.): GegenWissen, Zürich 2020.

4 Susanne Schregel: Der Atomkrieg vor der Wohnungstür. Eine Politikgeschichte der neuen Friedensbewegung in der Bundesrepublik, 1970–1985, Frankfurt am Main 2011; Reichardt, Authentizität, vor allem S. 170–172.

5 Sabine Dworog: Luftverkehrsinfrastruktur. Zur Rolle des Staates bei der Integration eines Flughafens in seine Umwelt, in: *Saeculum* 58 (2007), S. 115–149; detailreich Nils Güttler: Nach der Natur. Umwelt und Geschichte am Frankfurter Flughafen, Göttingen 2023, S. 267–360.

6 Agentur Bilwet: Bewegungslehre. Botschaften aus der autonomen Wirklichkeit, Berlin 1991, z. B. S. 53.

7 Geronimo: Feuer und Flamme. Geschichte und Gegenwart der Autonomen, Berlin 1990.

8 Marie-Luise Scherrer: Der unheimliche Ort Berlin, in: *Der Spiegel* Nr. 21 (1987), 17. Mai 1987.

9 Zitiert nach Geronimo, Feuer, S. 135 f.

10 »Kampf dem Faschismus heißt Kampf dem imperialistischen System.« Anonymes Papier und Demonstrationsaufruf zur Demonstration am 27. September 1986 in Frankfurt, DIN-A3, doppelseitig bedruckt; im Besitz des Autors.

11 Lupus-Papier, zitiert nach Geronimo, S. 159.

12 Die beiden Herausgeber des »Affect Theory Reader« von 2010 verorten die Ursprünge ihrer wissenschaftlichen Beschäftigung mit ansteckenden Gefühlen ganz ausdrücklich in der musikalischen Subkultur der frühen 1980er Jahre – Gregg und Seighworth, Inventory, S. 19 und 21.

13 Hanna Mittelstädt: Arbeitet nie! Die Erfindung eines anderen Lebens, Chronik eines Verlags, Hamburg 2022, S. 135, 263, 307.

14 Zu Chateaubriand siehe Fritzsche, Specters, S. 1607. Zu Fritz Steuben siehe Barbara Haible: Indianer im Dienst der NS-Ideologie, Hamburg 1998, und die Übersicht bei Denise Wheeler: Deutsche Indianer. Eine kleine Kulturgeschichte über Freiheit, Blutsbrüder und letzte Mohikaner, Berlin 2017; zum Genozid an den amerikanischen Indigenen und zum indigenen Widerstand siehe Aram Mattioli: Verlorene Welten. Eine Geschichte der Amerikaner Nordamerikas 1700–1910, Stuttgart 2017, und ders.: Zeiten der Auflehnung. Eine Geschichte des indigenen Widerstands in den USA, Stuttgart 2023.

15 Die Zeitschrift *konkret* setzte im September 1981 einen Indianer im Kanu auf einer Hamburger Hauptverkehrsstraße auf ihr Titelblatt, mit der Unterschrift: »Eine Zukunft für die Vergangenheit. Die Szene und ihre Väter« – Väter, wohlgemerkt: wiederabgedruckt in Max Stadler u. a. (Hg.): Gegen / Wissen, cache I, Zürich / Berlin 2021, S. 111 / 11.

16 Thomas E. Schmidt: Als ich einmal dazugehörte. Szenenbildung Anfang der Achtziger, S. 961 und 964, in: Christian De-

mand (Hg.): Wir. Formen der Gemeinschaft in der liberalen Gesellschaft, Stuttgart 2013 (*Merkur* Doppelheft 774/774), S. 957–966.

17 Zitiert nach Mittelstädt, Erfindung, S. 79; zu Merve Felsch, Sommer, S. 77; Merve-Verlagsprogramm Winter 1985, im Besitz des Autors.

18 Michael Stürmer: Dissonanzen des Fortschritts. Essays über Politik und Geschichte in Deutschland, München 1986.

19 Reichardt, Authentizität, S. 40.

20 Schmidt, Als ich, S. 963.

21 Janine Gaumer: Wackersdorf. Atomkraft und Demokratie in der Bundesrepublik 1980–1989, München 2018; Gerhard Götz: WAA Wackersdorf – Vor und hinter dem Zaun. Fotodokumentation mit über 500 Fotos, Amberg 2018.

22 *Süddeutsche Zeitung* vom 20., 23. und 24. Mai 1986.

23 Thomas Pynchon: Spätzünder. Übersetzt von Thomas Piltz und Jürgen Laederach, Rowohlt: Reinbek 1985, S. 16 und 21.

24 Geronimo, Feuer und Flamme, S. 141–146.

25 Diedrich Diederichsen: Der lange Weg nach Mitte. Der Sound und die Stadt, Köln 1999, S. 69; ders.: Schönheitschirurgie am gewachsenen Schnabel, in: *Zeitschrift für Ästhetik und allgemeine Kunstwissenschaft* 52 (2007), S. 171–184; ders.: »Ich bin ein Mensch, der…«, in: Julian Müller und Victoria von Groddeck (Hg.): (Un)Bestimmtheit, München 2013, S. 221–230.

26 Frank Trentmann: Aufbruch des Gewissens. Eine Geschichte der Deutschen von 1942 bis heute, Frankfurt/M. 2023 behandelt zwar die Alternativbewegungen, aber nur »autonome Läden« und Selbsthilfegruppen, S. 325 und 759; ähnlich knapp Ulrich Herbert: Deutschland im 20. Jahrhundert, München 2014 (Neuauflage 2023) S. 920 f. und 1002 f.; ausführlich dagegen Reichardt, Authentizität, S. 557–571.

27 Wolfgang Müller: Subkultur Westberlin 1979–1989. Freizeit, Hamburg 2009; mit teilweise identischen Schwerpunkten auch im Katalog zur Ausstellung »Geniale Dilettanten. Subkul-

tur der 1980er Jahre in Deutschland« im Münchner Haus der Kunst und im Museum für Kunst und Gewerbe in Hamburg, Ostfildern 2015.

3. Selbstviktimisierung

1 Das Leben des Erasmus, von ihm selbst erzählt, hg. und übersetzt von Ernst Schulz, Basel 1986; mehr bei Lisa Jardine: Erasmus, Man of Letters: The Construction of Charisma in Print, neue erw. Ausgabe Princeton 2015.

2 James Amelang: Saving the Self From Autobiography, in: Kaspar von Greyerz (Hg.): Selbstzeugnisse in der Frühen Neuzeit, München 2007, S. 129–139; François-René de Chateaubriand: Mémoires d'Outre-Tombe, zitiert nach Fritzsche, Specters, S. 1568.

3 George Orwell: ›Mein Kampf‹ von Adolf Hitler, *New English Weekly*, 21. März 1940; ich zitiere nach der Übersetzung von Lutz-W. Wolff in George Orwell: Reise durch Ruinen, München 2021, S. 64 f.

4 Zur Verwendung des Begriffs »System« durch die Nationalsozialisten als Chiffre für die Weimarer Republik siehe Viktor Klemperer: LTI, Leipzig 1996, S. 88 und 105 und mit ausführlichen Belegen Cornelia Schmitz-Berning: Vokabular des Nationalsozialismus, 2. Aufl. Berlin 2007, S. 597–599. Sie macht darin auch auf die emphatische Selbstbezeichnung der Nationalsozialisten als »Bewegung« aufmerksam. Die politischen Organisationen der Grünen und die Alternative Liste in Berlin der 1980er stellten sich ausdrücklich als »Bewegung« außerhalb der Parteien dar – ebd., S. 99–102 und S. 597.

5 Walter Gallie: Essentially Contested Concepts, in: *Proceedings of the Aristotelian Society* 56 (1955/56); ausführlich dazu Reinhart Koselleck: Geronnene Lava. Texte zu politischem Totenkult und Erinnerung, Frankfurt/M. 2023, S. 295 und 434.

6 In einem Interview mit der Zeitschrift *Falter*, 1997, wieder ab-

gedruckt in: ders.: Geronnene Lava, S. 308–315; Heidemarie Uhl: »Das erste Opfer«. Der österreichische Opfermythos und seine Transformation in der Zweiten Republik, in: *Österreichische Zeitschrift für Politikwissenschaft* (2001), S. 19–34.

7 Ausführliche Berichte dazu etwa in der österreichischen Tageszeitung *Der Standard* vom 15., 17. und 24. Oktober 2008, und im Nachrichtenmagazin *News*, 29. Oktober 2008.

8 Florian Siebeck: »Frankreich ist ein furchtbares Land für Designer.« Gespräch mit Inga Sempé, in: *Frankfurter Allgemeine Zeitung*, 4. August 2015.

9 Kwame-Anthony Appiah: Befreiungspsychologie. Frantz Fanon und der Glaube an Gewalt als Therapie, S. 21, in: *Merkur* 877 (Juni 2022), S. 15–31.

10 Joseph Brodsky: Rede im Stadion, S. 123 f., in: ders: Der sterbliche Dichter. Über Literatur, Liebschaften und Langeweile, München 1995, S. 115–128.

11 Appiah, wie oben, S. 24; David Macey: Franz Fanon. A Biography, London 2012. Adam Shatz: The Rebel's Clinic: The Revolutionary Life of Frantz Fanon, New York 2024.

4. *Kostümfilme*

1 https://de.wikipedia.org/wiki/G20-Gipfel_in_Hamburg_2017 (aufgerufen am 14. März 2023). Zu den besonderen Anstrengungen der Hamburger Polizei bei der Speicherung von digitalen Bildern von über 100 000 Personen vor und während der Proteste und zur Auswertung von Fotos und Videos zur Identifikation von Straftätern siehe auch Roland Meyer: Gesichtserkennung. Vernetzte Bilder – körperlose Masken, Berlin 2021, S. 67 f.

2 Siehe dazu den Augenzeugenbericht bei Mittelstädt: Arbeitet nie, S. 15.

3 Kenya Hara: Hundred Whites, Zürich 2020, S. 67

4 Richard Evans: Tod in Hamburg: Stadt, Gesellschaft und Poli-

tik in den Cholera-Jahren 1830–1910, Reinbek 1990; das Buch ist 2022 in einer Neuauflage erschienen.

5 In den beiden letzten Jahrzehnten des 19. Jahrhunderts lebten in London mehr als 5000 Italiener und etwa 26 000 Deutsche. Sehr viele von ihnen arbeiteten in Restaurants und Hotels, zusammen mit Franzosen, Russen, Tschechen und Polen – Brenda Assael: The London Restaurant 1840–1914, Oxford 2018.

6 Stephen Arata: Fictions of Loss in the Victorian Fin de Siècle, Cambridge 1996; Max Nordau: Die konventionellen Lügen der Kulturmenschheit, Leipzig 1883; Entartung, 2 Bde., Leipzig 1892 und 1893.

7 Carlo Caduff: Warten auf die Pandemie. Geschichte einer Katastrophe, die nicht stattfand, Konstanz 2017; im Original: The Pandemic Perhaps. Dramatic Events in a Public Culture of Danger, Oakland 2015.

8 Vgl. Kathrin Passig: Die Wir-Verwirrung. Kontextfusion und Konsensillusion, in: *Merkur* 773/774 (2013), S. 1016–1023.

9 Malte Thießen: Auf Abstand. Eine Gesellschaftsgeschichte der Coronapandemie, Frankfurt/M. 2021; Carolin Amlinger und Oliver Nachtwey: Sozialer Wandel, Sozialcharakter und Verschwörungsdenken in der Spätmoderne, in: *Aus Politik und Zeitgeschichte* 71 (2021), S. 35–56; Sven Reichardt (Hg.): Die Misstrauensgemeinschaft der ›Querdenker‹. Die Corona-Proteste aus kultur- und sozialwissenschaftler Perspektive, Frankfurt/M. 2021; Wolfgang Benz (Hg.): Querdenken. Protestbewegung zwischen Demokratieverachtung, Hass und Aufruhr, Berlin 2021.

10 Amlinger/Nachtwey, Gekränkte Freiheit, S. 247–297.

11 Franco Moretti: Ein fernes Land. Szenen amerikanischer Kultur, Konstanz 2020, S. 75.

5. *Die anderen sind schuld*

1 Amlinger / Nachtwey, Gekränkte Freiheit, S. 181 und 297.

2 Vgl. Henning Trüper: Epochenwenden und Kulturgeschichte des Moralischen. Vortrag auf der Tagung »Epochenwenden und Epochenwandel« des Leibniz-Zentrums für Literatur- und Kulturforschung, Berlin, 8. April 2022.

3 Reichardt, Authentizität, S. 120–164; 177–191.

4 Siegfried Wenzel: Medieval Artes Praedicandi: A Synthesis of Scholastic Sermon Structure, Toronto 2015; Bert Roest: Franciscan Learning, Preaching and Mission, Leiden 2015.

5 Zum breiteren Kontext Urte Krass: Nah am Leichnam. Bilder neuer Heiliger im Quattrocento, Berlin 2011; und meine Skizze: Wer redet von der Reinheit? Wien 2019.

6 Zum Antijudaismus Miri Rubin: Gentile Tales. The Narrative Assault on Late Medieval Jews, New Haven 1999 und David Nirenberg: Mass Conversions and Genealogical Mentalities: Jews and Christians in Fifteenth-Century Spain, in: *Past & Present* 174 (2002) und ders.: Conversion, Sex and Segregation. Jews and Christians in Medieval Spain, in: *American Historical Review* 107 (2002), S. 1065–1093; Franco Mormando: The Preacher's Demons: Bernardino of Siena and the Social Underground of Early Renaissance Italy, Chicago 1999.

7 Zum langen Nachleben vormoderner Strukturen in den Universitäten siehe William Clark: Academic Charisma and the Origins of the Research University, Chicago / London 2008.

8 Hans Eckehard Bahr, Heike und Gottfried Mahlke, Dorothee Sölle, Fulbert Steffensky (Hg.): Franziskus in Gorleben. Protest für die Schöpfung, Frankfurt / M. 1981. Siehe dazu die Anmerkungen in Stadler (u. a.), Gegen / Wissen, V / 21. Zwei Jahre zuvor war im linken Wagenbach-Verlag Ernst Pipers Biographie von Savonarola mit dem Untertitel »Umtriebe eines Politikers und Puritaners im Florenz der Medici« erschienen; auch sie mit Querverweisen auf aktuelle politische Konflikte.

9 David Halperin: Saint Foucault: Towards A Queer Hagiography, Oxford / New York 1995, S. 6 und 121.
10 Viet Thanh Nguyen: Die Idealisten, München 2021; Original: The Committed, New York 2021, S. 62.
11 Ebd. S. 116 und 118.

6. *Neue Lüste mit altem Zeug*

1 Amlinger / Nachtwey, Gekränkte Freiheit, S. 15, 21, 181 und 349.
2 Maria Stepanova: Passéismus im Ressentimentstaat, S. 68 f., in: Jonas Lüscher und Michael Zichy (Hg.): Der populistische Planet, München 2021, S. 67–75.
3 Andrzej Stasiuk: Unterwegs nach Babadag, Frankfurt / M. 2005, S. 158.
4 Georgi Gospodinow: Zeitzuflucht, Berlin 2021, S. 59.
5 Amlinger / Nachtwey, Gekränkte Freiheit, S. 80.
6 Gospodinov, Zeitzuflucht, 249.
7 Anne Dufourmantelle: Verteidigung des Geheimnisses, Berlin 2021, S. 119.
8 Leon Festinger: When Prophecy Fails. A Social and Psychological Study, Minnesota Press 1956, Neuauflage 2011. Danke für diesen Hinweis an Martin Hartmann. Mehr dazu bei Jon R. Stone (Hg.): Expecting Armageddon. Essential Readings in Failed Prophecies, New York / London 2000.
9 Amlinger / Nachtwey, Gekränkte Freiheit, S. 27; Pier Paolo Pasolini: Freibeuterschriften, Berlin 1978, S. 19–38. Lesenswert dazu Guillaume Paoli: Die lange Nacht der Metamorphose, Berlin 2017.
10 Barbara Peters und Georg Kreisler: Deine Freiheit, meine Freiheit, auf dem Album: *Wenn die schwarzen Lieder wieder blühen* (1987).
11 Amia Srinivasan: Can I Speak Freely? In: *London Review of Books*, 29. Juni 2023.

12 Lea Ypi: Freiheit, London 2021; siehe dazu Thomas Meaney: For the Love of Uncle Enver, in: *London Review of Books*, 23. Juni 2022; und die Leserbriefe und Kommentare in der nächsten Ausgabe der Zeitschrift, 3. Juli 2022.

13 *Les Indes Galantes*, Regie: Philippe Béziat, First Hand Films / Arte 2021.

7. Am Schluss: Empfindungen, endlos vermehrt

1 Zum US-amerikanischen Kontext Bradley Campbell und Jason Manning: The Rise of Victimhood Culture, London / New York 2018; zu deutschen Verhältnissen z. B. Jörg Scheller: Identität im Zwielicht, München 2021, und Jens Balzer: Ethik der Appropriation, Berlin 2022, mit ausführlichen Bemerkungen zu den deutschen Indianerspielen.

2 Jenny Wüstenberg: Zivilgesellschaft und Erinnerungspolitik in Deutschland seit 1945. Berlin 2020, zitiert bei Florian Hannig: Eine kurze Geschichte der Betroffenheit, in: *Merkur* 871 (2021), S. 31.

3 Paruh Sehgal: Presence of Mind. How the critic Jacqueline Rose learned to read the world, in: *The New Yorker*, 21. August 2023; Jacqueline Rose: Trauma and Justice in South Africa, in: *London Review of Books*, 23. Mai 2019.

4 Ibrahima Thioub: Regard critique sur les lectures africaines de l'esclavage et de la traite atlantique, in Issiaka Mandé, Blandine Stefanson & Association of African Historians (Hg.): Les historiens africains et la mondialisation. Bamako / Paris (2005), S. 271–292, und Eric Mesnard und Catherine Coquery-Vidrovitch: Être Esclave: Afrique-Amériques, XVe-XIXe siècle, Paris 2013.

5 Lutz Seiler: Stern 111. Frankfurt / M. 2020, S. 31; dazu auch Lothar Müllers Laudatio vom November 2023 unter https://www.deutscheakademie.de/de/auszeichnungen/georg-buechner-preis/lutz-seiler/laudatio

6 Gert Mattenklott: Über Geilheit. Eine Erinnerung, in: Christoph Wulf und Dietmar Kamper (Hg.): Transfigurationen des Körpers. Die Spuren der Gewalt in der Geschichte, Berlin 1989, S. 185–193.
7 Zygmunt Baumann: Flüchtige Moderne, Frankfurt/M. 2003, S. 32.
8 Andreas Reckwitz: Gesellschaftstheorie als Werkzeug, S. 119, in: ders. und Hartmut Rosa (Hg.): Spätmoderne in der Krise, Berlin 2021.

Valentin Groebner

Bin ich das?

Eine kurze Geschichte der Selbstauskunft

Der verlockende Zwang, sich immer zeigen zu müssen
Vom Bewerbungsgespräch bis zum Instagram Account, von der Teambildung bis zum Dating-Profil: Ohne Selbstauskunft geht es nicht. Der Lust und dem Zwang zum Ich- und Wir-Sagen geht Valentin Groebner in seiner amüsanten Geschichte der alltäglichen Selbstauskunft nach. Er verknüpft historische Beschwörungen der Heimat mit offenherzigen Tattoos, die wilden Rebellen von früher mit den etwas melancholischen Leistungsträgern von heute, den Umgang mit alten Familienfotos mit den demonstrativen Ritualen des Paarglücks. Und er fragt: Ist öffentliche Intimität wirklich der Ausweis des guten Lebens – oder eine Falle?

192 Seiten, gebunden

Weitere Informationen finden Sie auf
www.fischerverlage.de

AZ 10-397099/1